기업의 미래,
산학협력으로
한계를
돌파하라

4차 산업혁명 시대, 스타트업, 중소벤처기업, 사회적 기업,
청년 창업자, 예비 창업자, 재창업자 모두를 위한 대학 사용법

기업의 미래, 산학협력으로 한계를 돌파하라

초판 1쇄 인쇄 2018년 10월 08일
초판 1쇄 발행 2018년 10월 15일

지은이 이성준

발행인 백유미 조영석
발행처 (주)라온아시아
주소 서울시 서초구 효령로 34길 4, 프린스효령빌딩 5F

등록 2016년 7월 5일 제 2016-000141호
전화 070-7600-8230 **팩스** 070-4754-2473

값 13,800**원**
ISBN 979-11-89089-41-2 (03320)

이 도서의 국립중앙도서관 출판예정도서목록(CIP)은 서지정보유통지원시스템 홈페이지(http://seoji.nl.go.kr)와 국가자료종합목록시스템(http://www.nl.go.kr/kolisnet)에서 이용하실 수 있습니다.
(CIP제어번호 : CIP2018031919)

4차 산업혁명 시대, 스타트업, 중소벤처기업, 사회적 기업,
청년 창업자, 예비 창업자, 재창업자 모두를 위한 대학 사용법

기업의 미래, 산학협력으로 한계를 돌파하라

이성준 지음

RAON BOOK

머리말

어떤 젊은 스타트업 대표가 이런 말을 했다.

“저는 공부를 못해서 원하던 대학은 못 갔지만, 창업을 통해서 대학이 저를 찾게 만들었습니다.”

이제 대학은 재능 있는 학생을 인재로 성장시키는 공간이면서, 동시에 잠재력 있는 기업을 찾아 산학협력을 이끌어가는 공간으로 변화하고 있다. 학문과 연구를 위한 상아탑의 모습만이 아니라 기업과 함께 살아 숨 쉬는 공간으로 바뀌고 있는 것이다.

대학의 다양한 기업 지원 프로그램과 기술, 특허, 노하우 등을 활용할 수 있는 산학협력에 관해 예비 창업자들부터 스타트업 대표, 중소벤처기업 CEO까지 많은 사람이 궁금해한다. 산학협력을 통해 기업이 필요한 지원금을 받을 수도 있고, 미래의 사업 기회를 창출할 수 있기 때문이다. 그러나 관련 정보를 잘 모르거나 산학협력의 존재조차 알지 못해 기회를 놓치는 분들이 너무 많다. 그동안 대학에서 산학협력을 담당하는 실무자로 일해오며 이런 분들이 너무 안타까웠다. 그래서 창업이라는 힘든 결심을 통해 사업을 시작한 이들에게 도움이 되고자 기업의 미래를 여는 산학협력이라는 방법을 알리고자 책을 집필하게 되었다.

이 책에서는 '왜 기업이 대학과 함께해야 하는가', '기업은 대학으로부터 무엇을 얻을 수 있는가', '대학이 기업에 어떤 도움이 되고, 기업은 어떻게 하면 도움을 받을 수 있는가', '대학은 어떻게 해야 기업에 도움이 되는가'에 대한 내용을 담았다. 산학협력이라는 용어가 생소한 독자도 쉽게 이해할 수 있도록 그동안 대학에서 함께했던 스타트업, 중소벤처기업, 창업자들과의 생생한 사례와 경험을 담아 읽기 쉽게 구성했다.

이 책을 통해 산학협력의 필요성에 대한 인식이 확산되는 것은 물론 이제 막 시작하는 스타트업, 중소벤처기업들에 조금이나마 도움이 되어 그들이 대학과 함께 행복한 미래를 꿈꿀 수 있기를 기대해본다.

이 책을 내기까지 도움을 주신 대학 관계자분들과 스타트업, 중소벤처기업 대표님들에게 고마움을 전한다. 늘 곁에서 함께 고민하고 격려해주며 조언을 아끼지 않은 아내와 담희에게도 고맙고 사랑한다는 말을 전한다. 하나님께 감사드리며 항상 기도로 나에게 힘을 주시는 이명숙 여사님과 병중에 계신 아버지에게 이 책을 바친다.

• 목 차 •

2장 아는 사람만 아는 대학의 지원 프로그램

3장 기초를 튼튼하게, 혁신으로 성장시키는 R&D

4장 대학의 지원 프로그램을 활용한 사업의 확장

5장 산학협력, 어떻게 시작할까?

시작하기 전에

4차 산업혁명의 답을 산학협력에서 찾다

4차 산업혁명이 최근 몇 년 사이에 산업계와 학계뿐만 아니라 일상생활에서도 화제가 되고 있다. 이제는 사물인터넷(Internet of Things, IoT), 빅데이터(Big Data), 인공지능(Artificial Intelligence), 자율주행 등 4차 산업혁명 관련 키워드들이 확산되어 주변에서도 쉽게 접할 수 있게 되었다.

이렇게 빠르게 변화하는 환경에서 국내 중소벤처기업이나 이제 막 창업을 준비하는 스타트업(Start-up)들은 어떤 준비를 해야 할까? 4차 산업혁명의 핵심기술이 이미 대학이나 연구소에서 예전부터 연구되었던 내용이다. 사물인터넷(IoT)은 기존의 홈 네트워크나 정보통신기술에서 확장된 개념이며, 빅데이터나 인공지능은 컴퓨터공학과 통계학의 기본원리에서 나오는 개념이다.

다시 말하면, 4차 산업혁명의 숨은 기술들이 대학에서 주인을 기다리고 있을 수 있다는 것이다. 대학의 기술은 마치 가공 전 단계의 다이아몬드와 같아서 산업에 곧바로 적용할 수 없다. 그러므로 기업이 적극적으로 기술을 도입하여 상용화하기 위한 가공작업(연구개발(R&D), 파일럿 테스트(Pilot test), 상용화 검증, 양산화 검증 등)에 동참해야 한다.

증기 기관차를 움직이기 위하여 철길을 놓았듯이 대학의 기술도 이를 실제로 사용하기 위한 인프라가 중요하다. 기차를 만들기 위한 연구(Research)와 개발(Development)이 있었듯이, 4차 산업혁명 시대에도 좋은 기술을 채굴할 방법이 필요하다. 그 방법 중 하나가 산학협력이다.

물론 4차 산업혁명에 필요한 기술이 대학에만 있는 것은 아니다. 그러나 대학이 보유한 연구성과는 기존의 기술보다 새롭고 진보된 내용이 많다. 대학이 창의적인 연구를 할 수 있도록 국가에서도 지속적으로 지원하고 있다. 바로 이것이 기업에서 산학협력을 적극적으로 알아보고 활용해야 하는 이유다.

가상화폐는 핀테크(Fintech: 금융(Finance)과 기술(Technology)이 결합한 서비스, 또는 그런 서비스를 하는 기업)라는 신기술을 기반으로 시작된 개념인데, 최근 비트코인과 같은 가상화폐가 광풍을 일으키고 있다. 이제는 블록체인(Block chain: 모든 가상화폐 거래 내역이 기록된 공개 장부와 같은 개념으로 가상화폐의 보안기술로 사용되곤 함)과 같은 관련 기술용어도 그다지 낯설지 않을 정도로 뜨거운 이슈이다.

한 스타트업이 이와 관련한 사업 아이템을 내놓았다. 블록체인 기술이 금융 거래의 가장 중요한 '보안성'을 강화했다는 데 착안하여, 자율주행차에 적용하겠다는 내용이었다. 앞으로 자율주행차는 사람의 조작이 아니라 입력된 정보에 따라 움직이게 되고, 그때 가장 중요한 이슈가 되는 부분이 바로 '보안성'이기 때문이다. 이 아이디어를 바탕으로 대학에서 블록체인 기술을 이용해 특허를 만들었고, 창업과 투자유치도 진행 중이다. 외국에서도 벌써 이 스타트업에 큰 관심을 보이고 있다.

이렇게 산학협력을 통해 대학의 기술을 적절하게 활용하면 4차 산업혁명 시대를 헤쳐나갈 방법도 조금씩 찾을 수 있을 것이다.

· 1장 ·

대학은 기업을 365일 기다리고 있다

01 UNIVERSITY RESEARCH & DEVELOPMENT

대학은 기업 지원의 메카로 바뀌고 있다

이 시대의 대학은 수능시험을 통과한 수험생만 기다리는 곳이 아니다. 수험생처럼 열정 넘치고 패기로 가득 찬 젊은 CEO도 사업을 위해 대학과 협력할 수 있다. 지금의 대학은 기업 지원의 메카로 변화하고 있다.

해외의 상위 대학들일수록 스타트업에 관심이 높고, 지원이 많아지는 추세다. 스탠퍼드, MIT는 스타트업을 위한 프로그램을 집중적으로 운영 및 관리하고 있으며, 이를 통해 새로운 수익모델을 만들고 있다.

애플(Apple), 페이스북(Facebook)이 초창기에 사람들로부터 환호받지 못한 스타트업이라는 사실을 알고 있는가? 차고에서 창업을 시작한 스티브 잡스(Steve Jobs)와 마크 저커버그(Mark Zuckerberg)의 이야기는 이미 너무도 유명하다.

대학은 기업을 기다리고 있다

정부(중소벤처기업부, 교육부, 산업통상자원부 등)에서는 대학을 통해 기업을 돕고 협력할 수 있는 다양한 사업을 지원하고 있고, 그에 맞는 프로그램을 장려하고 있다.

사업 아이템 개발 단계에서 시작품 개발자금을 지원하는 프로그램이나 대학과의 공동연구를 지원하는 프로그램, 처음 R&D를 시작하는 기업을 위한 지원 프로그램, R&D 이후 도약을 지원하는 프로그램 등 기업이 대학을 통해 얻을 수 있는 혜택은 셀 수 없을 만큼 다양하다.

몇몇 사람들은 대학과의 협력이 마치 고도화된 기술을 보유한 IT 기업, 벤처기업 또는 규모가 있는 중견기업, 대기업들만 할 수 있는 것이라고 생각한다.

실제로 '대학이라는 거대한 조직이 과연 작은 기업에 관심을 가질까?'라는 의문도 생기겠지만, 대학 역시 이런 변화의 흐름에 발맞춰 성과를 창출해야 하는 정부의 요청을 받고 있다. 이에 따라 대학도 발 벗고 나서서 다양한 기업과의 협력 모델을 모색하고 있다.

지금 이 책을 읽고 있는 당신이 창업을 결심했거나, 이미 사업을 하고 있거나, 혹은 직원의 월급을 걱정하는 대표라면 한 번쯤 고개를 들어 주변 대학에 도움을 요청하는 방법에 대해서 다시 한 번 생각해보기를 권한다. 국가와 정부에서 스타트업이나 중소벤처기업을 돕는다고는 하지만 막상 도움을 받으려 하면 너무 멀리 있다고 느낄 때가 있다. 혹은 정부에서 운영하는 기업 지원 프로그램이 손에 잡히지 않는다고 느낄 수도 있다.

그럴 때는 주저하지 말고 주변 대학이나 동문 대학을 찾아가는 방법을 추천한다. 생각했던 것보다 많은 대학에서 당신을 기꺼이 맞이할 것이다.

당신이 잠재력 있는 사업 아이템을 가지고 있다면 얼마든지 대학의 관심과 지원을 받을 수 있다.

대학과 기업을 이어주는 다리

그렇다면 기업은 대학을 어떻게 활용할 수 있을까?

기업이 사용할 수 있는 대학의 대표적인 자원으로는 특허, 노하우, 기술, 아이디어 등이 있다.

세계적으로 쓰이고 있는 생활용품은 물론이고 의료, 반도체,

생명공학의 기초가 되는 기술까지 수많은 기술과 비즈니스가 대학을 통해 나왔다고 해도 과언이 아니다.

2014년 블루 LED 개발로 노벨 물리학상을 받은 나카무라 슈지(中村修二)는 미국 캘리포니아 주립 대학교 산타바바라 캠퍼스의 교수로 부임하면서 연구개발(R&D)과 실험을 통해 기존의 빨강과 초록으로만 구성되어 있던 LED에 블루 LED를 만들어 빛의 3원색을 화면에서 구현할 수 있게 했다. 현재 우리가 접하는 선명한 TV와 스마트폰 화면의 기초가 된 것이다.

하지만 대학의 모든 기술이 이처럼 상용화되기는 쉽지 않다. 대학이 보유한 특허나 기술은 대부분 현장에 바로 적용되기에는 아직 무르익지 않았기 때문이다. 기업이 대학과 협력하며 이러한 특허나 기술을 발굴하고 다듬었을 때 비로소 새로운 가치를 창출할 수 있게 된다.

우리나라 대학도 외국의 대학처럼 점차 변화하고 있다. 불과 수년 전만 해도 대학에서 기업을 지원한다거나 중소벤처기업과 사업을 한다는 것은 쉬운 일이 아니었다. 하지만 이제는 우리나라 대학들도 해외의 선진사례를 연구하면서 정부의 지원을 받아 대학의 나아갈 방향을 새롭게 정립하고 있다.

이런 시대적 흐름 속에서 기업이 대학을 통해 성장할 수 있다는 사실을 놓치지 말아야 한다. 조금만 관심을 가지면 인터넷을 통해 대학의 기업 지원 정보를 쉽게 찾아볼 수 있다.

좀 더 구체적으로는 해당 대학 홈페이지 내에서 '산학협력단'이라는 부서를 찾는 것이 가장 효과적이다. '산학협력단'이라는 명칭이 아직은 생소하겠지만, 그곳이 바로 기업을 365일 기다리며 대학과 기업을 연결해주는 다리 역할을 하는 곳이다.

02 UNIVERSITY
RESEARCH & DEVELOPMENT

대학에 숨어 있는 기업 지원 도구, 산학협력단

2004년 「산업교육진흥 및 산학연협력촉진에 관한 법률」에 의해 대학이 기업과의 협력을 촉진할 수 있는 공식적인 행정부서가 되면서 대학들이 적극적으로 산학협력단을 설치하기 시작했다.

이미 미국은 1980년 관련 법을 제정하여 정부의 지원을 받은 공공연구소나 대학의 연구결과를 통해 나오는 지식재산권(특허, 상표 등)을 기업에 이전해서 기술료를 받을 수 있게 허가했다. 이 법을 '바이돌 법(Bayh-Dole Act)'이라고 하며, 이 법안의 등장으로 미국 대학의 특허출원이 매우 활발해졌다.

> 스탠퍼드 대학의 기술이전 수입은 741억 원(2011년), 이 대학 동문이 창업한 기업의 연간 매출은 총 2조 7천억 달러에 이른다. 이를 하나의 국가로 본다면 국내총생산(GDP) '세계 5위권(2010년)' 수준이다. 대학 기술사업화의 중요성을 한눈에 보여주는 놀라운 지표이다.
>
> 출처: '대학 기술사업화, 향후 10년이 중요한 시기', 〈전남일보〉, 2015. 3. 20.

우리나라도 대학 내 산학협력단 설립과 관련된 법인 「산업교육진흥 및 산학연협력 촉진에 관한 법률」이 제정되면서 2013년까지 전국 433개 대학 중 369개 대학에 산학협력단이라는 조직이 생기게 되었고, 이에 필요한 전문성도 강화되었다. 그러면서 정부에서도 대학을 통한 산학협력의 역할과 비중을 점차 키워나가게 되었다.

대학에 대한 선입견 타파하기

그러나 아직도 대학이 교육과 연구에만 전념하는 기관이라는 인식이 팽배해 있고, 기업조차도 대학은 고등학교를 졸업하고 들어가는 입시생들의 전유물이라고 생각하고 있다.

산학협력단이라는 부서가 대학에 설립된 지는 10년이 훌쩍 넘었다. 이미 전국 400여 개 대학에 산학협력단이 존재하고 있다. 하지만 여전히 많은 스타트업이나 중소벤처기업, 예비 창업자들은 대학이 어떻게 변했는지, 기업과 어떤 상관이 있으며, 어떤 방식으로 도움과 지원을 제공받을 수 있는지 잘 모른다.

이러한 무지가 계속되는 가장 큰 이유는 대중이 대학에 대해 가지고 있는 고정관념이다. 대학은 어디까지나 학문을 연구하는 기관일 뿐 기업이나 창업과 무슨 상관이 있겠느냐는 선입견이 있기 때문이다.

또 대학 역시 기업 지원이나 산업체와의 협력보다는, 학생을 대상으로 대학의 역사와 비전을 중시하여 홍보하는 경향이 있기 때문이기도 하다. 역사적으로 대학이 지니는 본질적인 기능이 있기에 이런 선입견을 바꾸기란 쉽지 않을 것이다.

그렇기에 대학의 기능이 점차 새롭게 변화하고 대학에서 기업을 위한 각종 지원 프로그램을 만들어도 기업에는 높은 진입장벽이 존재하여 이런 정보에 쉽게 접근하기가 어렵다. 즉 대학은 산학협력하기 좋은 기업을 찾으려고 노력하지만, 기업의 다양성과 영업비밀, 보안 때문에 기업 정보를 파악하기가 쉽지 않고, 기업 또한 대학에 어떤 지원 프로그램이나 특허, 논문, 노하우 등이 있는지 쉽게 알지 못한다.

이 책에서는 이러한 대학의 변화를 알리고, 대학이 기업을 어떻게 도우며, 기업은 대학에서 어떤 도움을 받을 수 있는지, 어디에 가서 누구를 찾아야 하는지 그 방법과 사례들을 이야기하려 한다.

산학협력단의 역할

그렇다면 대학 속 산학협력단이라는 곳은 어떤 일을 하는 곳일까?

산학협력단은 대학에 속해 있는 부서이지만 대학의 다른 부서들과 달리 독립적이고 개성 있는 조직이다. 현재 거의 모든 대학에 설치되어 있다고 해도 과언이 아닐 정도로 이미 전국에 많은 대학에 존재한다.

지금부터 대학의 산학협력단이라는 곳은 어떤 일을 하는 곳이며, 기업에 어떤 도움을 줄 수 있는지 하나씩 알아보자.

첫 번째, 산학협력단은 대학 내에 별도 부서의 형태로 존재하여, 일반적으로 대학이라는 비영리기관이 할 수 없는 사업화·수익화 거래창구 역할을 한다.

다시 말해 교수들의 연구비, 정부 R&D 사업비, 위탁비, 자문비 등 대가성 있는 서비스나 용역으로 발생하는 비용을 다룬다. 좀 더 상세하게 살펴보면 기업과의 공동연구에 필요한 연구비, 대학의 특허를 기업에 이전했을 때 발생하는 기술료 등 대학이 직접 처리할 수 없는 각종 수입과 지출을 산학협력단에서 처리한다. 한마디로 대학의 수익·비용 통합관리 창구라고 할 수 있다.

두 번째, 산학협력단은 대학을 대신해 외부의 기업이나 기관과 소통하면서 그들에게 필요한 공간, 인력, 자금 등을 제공하는 중개자 역할을 한다.

관련 법에서는 산학협력단의 업무를 다음과 같이 정의한다.

산업교육진흥 및 산학연협력촉진에 관한 법률

제 27조[산학협력단의 업무]

① 산학협력단은 다음 각 호의 업무를 수행한다.

1. 산학연협력계약의 체결 및 이행
2. 산학연협력사업과 관련한 회계의 관리
3. 지식재산권의 취득 및 관리에 관한 업무
4. 대학의 시설 및 운영의 지원
5. 기술의 이전과 사업화 촉진에 관한 업무
6. 직무발명과 관련된 기술을 제공하는 자 및 이와 관련된 연구를 수행하는 자에 대한 보상
7. 산업교육기관의 교원과 학생의 창업 지원 및 기업가정신 함양 촉진 등에 관한 업무
8. 그 밖에 산학연협력과 관련한 사항으로서 대통령령으로 정하는 사항

이렇게 법에서 정한 업무 외에도 보이지 않는 수많은 일이 있지만 이 책에서는 주로 대학이 기업을 지원하고 협력해서 만들어 낸 성과와 사례들을 이해하기 쉽게 숨어 있는 기능 위주로 설명하

려 한다.

대학마다 특수성이 있고, 기능에 따라 다양한 조직을 가지고 있으므로 기업이 필요로 하는 지원방식이나 수요를 잘 확인하고 그에 맞는 대학의 산학협력단을 잘 활용한다면 분명히 많은 도움이 될 것이다.

Tip 산학협력단과 함께하는 식구들

- **기술이전 전담조직**(Technology Licensing Office, TLO)

  기업과의 공동연구, 기술이전, R&D 등 산학협력에 필요한 기업과의 중개 역할을 담당하는 조직이다. 대학마다 기술사업화팀, 성과활용팀, 산학협력팀 등 부서 명칭을 다양하게 사용하기도 한다.

- **창업보육센터**(Business Incubator, BI)

  예비 창업자 또는 창업 초기 기업에 사업 공간을 제공하거나 경영 기술을 지도하고 정보를 제공하는 등 안정적인 창업을 할 수 있도록 중소 · 벤처기업 창업육성 역할을 하는 전문보육기관을 말한다. 창업보육센터에 입주한 업체는 임대료가 저렴한 사업장을 확보하거나 창업자금의 부담을 줄일 수 있으며, 경영, 기술, 법률 컨설팅 등 각종 서비스를 제공받을 수 있다.

  출처: 〈중소벤처기업부 전문용어〉, 대한민국정부, 2010. 11.

- **기술지주회사**(Holdings)

  대학 또는 (공공) 연구기관이 보유한 특허 등의 기술을 활용하여 독자적으로 신규 회사를 설립하거나, 외부기업과 합작(조인트 벤처)하거나, 기존 기업의 지분을 인수하는 등 다양한 형태로 자회사를 설립하여 사업화하기 위한 전문 조직 및 주식회사를 말한다.

- **서강 오픈 이노베이션 센터**(Sogang Open Innovation Center)

  서강대학교 산학협력단의 기술사업화 공간으로, 기업의 사업 아이템에 부족한 부분을 대학의 기술로 보완하여 사업화할 수 있도록 돕는 아이디어 사업화 플랫폼이다. 서강대학교에서는 사다리랩/불펜이라는 사업화 공간을 통해 아이디어가 사장되지 않고, 미래 먹거리를 찾는 기업이나 창업자가 사업 아이템의 사업화 타당성 검증 및 상용화 검증을 충분히 검토하여 산학공동법인을 설립할 수 있도록 돕는다.

▲서강대학교 아이디어 사업화 공간 사다리랩/불펜

03 UNIVERSITY RESEARCH & DEVELOPMENT

대학과 함께하는 R&D 첫걸음

"우리 회사도 R&D라는 걸 할 수 있나요?"

"R&D는 우리 회사가 좀 더 큰 다음에 해야 할 거 같아요."

"R&D를 (시작)하려면 어떻게 해야 하나요?"

대학을 찾아오는 기업들이 자주 하는 말이다.

R&D는 연구개발(Research & Development)의 약어로, 주로 대학이나 공공 연구기관에서 교수나 연구자들이 자신들의 연구를 고도화하거나 실험을 통해 새롭게 기술을 개발하는 활동을 말한다. 실제로 기술 기반의 기업들은 이미 오래전부터 R&D를 해오고 있다.

R&D 시작하기

R&D는 어려운 것이 아니다. 간단히 예를 들면 다음과 같다.

① 부동산과 O2O 플랫폼이 융합되면 '직방'이라는, 방에 대한 정보를 제공하고 연결하는 비즈니스가 된다.

② 배달과 O2O 플랫폼이 융합되면 '배달의 민족'이라는, 배달이 필요한 매장과 소비자를 연결하는 비즈니스가 된다.

두 애플리케이션(이하 앱) 모두 곳곳에 흩어져 있던 정보와 서비스를 하나의 네트워크로 묶어내 새로운 시장을 만들어내고 가치를 창출한다. 이 같은 일련의 과정이 바로 R&D가 될 수 있다. 누군가가 연구(Research)하고 개발(Development)했기 때문에 '직방'과 '배달의 민족'이라는 서비스가 가능하게 되었을 것이다.

이처럼 연구개발을 통해 새로운 가치를 창출하려면 비용과 시간이 필요하다. R&D 사업은 정부가 대학이라는 도구를 통해 기업에 비용을 지원하고 시간을 투입하는 방법이라고 볼 수 있다. 기업이 대학과 산학협력을 진행할 때는 R&D 사업 프로세스와 사업 관리 방법을 파악하는 것이 중요하므로, 대학의 담당자와 미팅할 때 관련 사항을 반드시 꼼꼼히 확인해야 한다. 대학의 실무 담당자들이 기업 대표들과 미팅할 때 최대한 자세히 설명하려고 노력하겠지만, 기업과 업무를 진행하다 보면 확인해야 할 사항이 많아 정작 사업 프로세스와 관리 방법을 확인하는 데 소홀해지는 경우가 있다. 따라서 기업 대표나 담당자가 적극적으로 관련 사항을 함께 확인해야 한다.

R&D 주제 정하기

한번은 R&D와 거리가 한참 멀 것 같은 광고기획·홍보 회사의 대표가 찾아왔다. 대학과 R&D 사업을 이미 경험해본 다른 대표의 추천으로 만난 케이스였다. 그런데도 R&D는 고사하고 대학이 기업의 비즈니스 모델을 설계해주고 사업을 도와준다는 것을 이해시키는 데 며칠이 걸렸다.

처음 미팅에서 보았던 박 대표의 표정이 아직도 생생하다. 마치 약장사를 보듯 듣는 둥 마는 둥 불신 가득한 말투와 눈빛으로 이런 질문을 했다.

"대학에서 왜 저희 같은 회사를 도와주려고 하죠?"

"정말로 정부에서 1억 원이나 되는 돈을 무상으로 지원한다고요? 에이, 그래도 갚아야 하는 게 있겠죠."

대학에서 도와준다고 하면 대부분 처음에는 이런 반응을 보인다.

"산학협력은 기업의 업태나 업종에 크게 제한이 없습니다. 정부에서 말하는 사양 사업이나 대학교의 정책과 연구에 위배되지만 않는다면요!"

10여 년간 광고 홍보업을 해온 박 대표는 용역이나 입찰로 따내는 일거리로는 회사를 한 단계 발전시키기 힘들다는 현실을 인식하고 있었다. 그리고 이 상황을 극복하기 위해 지푸라기라도 잡는 심정으로 대학을 방문한 것이다.

원래 영화감독이 꿈이라는 박 대표는 오랫동안 많은 소상공인과 중소벤처기업의 제품 광고를 기획하고 홍보하는 일을 했다.

"우리나라 중소기업들이 만든 제품 중에 정말 좋은 것들이 많지만, 정작 광고비가 너무 비싸서 못 해요. 하지만 광고 없이는 제품을 팔 수 없기 때문에 저렴하게라도 광고나 홍보를 해야 하는데, 사장님들이 방법을 몰라서 못 하는 경우가 허다합니다."

이처럼 신사업 아이템을 끌어내고 기업이 평소에 지니고 있던 고민거리, 불만 거리, 개선하고 싶은 사항 등 깊이 있는 이야기가 나올 수 있도록 대화의 방향키를 요리조리 돌리는 것이 첫 미팅의 목적이다.

R&D 주제나 신사업 아이템의 설정은 달리 복잡하고 어려운 게 아니라, 이처럼 사회적 문제나 현상에 대해 저마다 가지고 있는 생각이나 고민에서 출발한다. 평소에 해결하고 싶은 기업의 소소한 애로사항부터 미세먼지나 환경오염 등 국가적 문제에 대한

고민까지도 R&D의 주제가 된다. 이런 것들이 모이고 정리가 되면 한 기업의 사업영역을 결정할 수도 있으며 나아가 기업의 잠재력을 무한대로 확산시키는 원동력이 된다.

이렇게 이야기를 나누다 보니 어느새 박 대표는 스르륵 팔짱을 풀고 메모지 위에 본인이 생각하는 사업의 비즈니스 모델을 그리기 시작했다. 10년간 제 자리에 머물러 있던 광고대행사가 R&D를 향한 첫발을 내딛는 순간이었다.

물론 R&D 주제를 정하는 데 꼭 이런 인고의 과정이 필요하지는 않다. 오히려 많은 기업이 쉽게 R&D 주제를 찾는다. 특히 기술이나 제조 기반 회사일수록 성능을 개선하려는 의지가 강하고 기술의 부족함에 대해 고민하기 때문에, 알고 보면 R&D 주제가 너무 많아서 걸러내는 일이 문제인 경우도 많다.

연구자 매칭

무더위가 기승을 부리던 작년 8월, 산학협력에 대한 설명을 하기 위해 부천에 있는 치과용 재료 유통 기업을 방문한 적이 있다. 공동대표 두 명과 이사 등 주요임원이 적극적으로 미팅에 참여했다. 그때 날씨만큼 뜨거웠던 의지와 열정은 아직도 잊히지 않는다.

1차 미팅을 통해 기업 현황과 앞으로 기술개발이 필요한 몇 가지 아이템을 공유한 뒤, 일차적으로 도출된 3가지 R&D 주제 중에서 우선 대학과 가볍게 시작할 수 있는 한 가지 주제를 골라 방향을 잡았다.

R&D 주제가 정해지면 이후 두 번째 미팅에서는 사전에 논의된 R&D 주제에 맞는 연구를 진행할 수 있는 연구자나 교수를 찾게 된다. 이 부분이 R&D에서 가장 중요한 과정이다. 연구자 매칭이 기업의 R&D 방향뿐만 아니라 심지어는 그 기업의 미래에 영향을 끼치기도 하기 때문이다.

일반적으로 연구자 매칭에 앞서 몇 가지 질문을 통해 기업이 필요로 하는 기술을 파악한 뒤, "지난번 논의했던 R&D 주제에서 구체적으로 대학의 어떤 기술이 필요한 거죠?"라고 물으며 범위를 좁혀간다. 대학의 교수와 연구자는 무척 많고, 대학이 보유하고 있는 특허나 기술은 최소 수백 개에 달한다. 그중에 기업에 딱 맞는 매칭 연구자를 찾기란 여간 어려운 일이 아닌데, 이 과정은 보통 산학협력 담당자의 몫이다.

끊임없는 의사소통으로 명확한 R&D 주제 도출하기

연구자 매칭 단계에서 대학이 놓치지 말아야 하는 부분은 '과

연 기업이 원하는 기술이 진짜 그 기술일까?'라는 점이다.

기술 중심이 아닌 서비스 중심의 기업 대표들은 기술의 구체적인 내용보다는 제품이나 서비스가 완성됐다는 가정하에 상용화 방식에 관해서만 이야기하는 경우가 많다. 그럴 때는 서로 끊임없이 질문하고 확인하는 과정을 거쳐 명확한 R&D 주제를 도출해야 한다.

최근 들어 앱 개발을 R&D 주제로 하는 기업이 상당히 많다. 앱 개발이라고 하면 언뜻 연구자를 매칭하기 쉬울 것 같지만 사실은 가장 어려운 분야에 속한다. 왜냐하면 앱 자체는 대부분 기본적인 소프트웨어를 기반으로 구동되므로, 대학에서 특별히 고도한 프로그래밍 작업이 필요 없는 경우가 많기 때문이다. 실제로 논의를 해보면 대학의 고도한 연구에서 나온 프로그램이나 연구 결과물이 필요한 것이 아니라, 외주 소프트웨어 개발회사에 용역을 맡겨서 쉽게 해결할 수 있는 경우가 많다.

기업 대표는 "얼마 전 회사에서 개발한 치아교정관리 앱에 적용할 기술을 대학에서 도와주셨으면 좋겠습니다"라며 스마트폰에서 본인이 사진으로 치아교정 전과 후를 비교해 볼 수 있는 증강현실(Augmented Reality, AR: 실세계에 3차원 가상물체를 겹쳐 보여주는 기술)기술을 피력했다.

이 회사도 처음에는 증강현실 기술을 요구했다. 이 기술은 가상현실(Virtual Reality, VR: 컴퓨터로 만들어 놓은 가상의 세계에서 사람이 실제와 같은 체험을 할 수 있도록 하는 소프트웨어 기술) 기술과 함께 최근 R&D를 하려는 기업들이 많이 사용하려는 기술 중 하나다.

결국 세 번째 미팅에서 회사의 개발자가 다시 산학협력단을 방문했고, 기술에 대한 구체적인 이야기를 나눈 뒤에야 이 앱에 필요한 것이 증강현실 기술이 아니라 3D 그래픽을 통해 증강현실로 구현하는 기술이라는 것을 확인할 수 있었다. 이 기업의 진정한 개발 니즈(needs)는 3D 렌더링 기술이었다. 기업의 수요를 파악한 뒤에는 수월하게 3D 렌더링을 전공하는 교수를 찾을 수 있었다. 이렇듯 기업에서 처음 생각했던 기술이 알고 보면 기업에 필요한 기술이 아닌 경우가 많다.

또 같은 용어를 달리 표현해 생기는 의사소통의 문제도 많다. 서로 정보를 잘못 인식한 상태에서 연구자를 찾다 보면 실제로 기업이 필요한 기술이 있음에도 못 찾거나, 찾았다고 생각해도 막상 미팅을 해보면 대학이 제시한 기술이 기업의 필요와 다른 경우도 종종 발생한다.

이런 경우 기업과 연구자, 그리고 산학협력 담당자 모두가 시간과 에너지를 낭비하게 되므로 연구자 매칭은 신중하게 진행해야 한다. 일반적으로 기업이 원하는 R&D 주제와 100% 매칭되는 연구자나 기술은 드물다. 그렇기에 기업과 대학이 함께 연구하고 개발하는 과정을 통해 새로운 결과를 재창출하는 작업을 거쳐야 한다는 사실도 잊지 말아야 한다.

04 UNIVERSITY RESEARCH & DEVELOPMENT

죽음의 계곡을 대학과 함께 넘어보자

"사업 초반 죽음의 계곡(Death Valley: 초기 창업기업이 기술개발에 성공했다 하더라도 사업화 단계에 이르기 전까지 넘어야 할 어려움을 나타낸 용어)에서 도움이 필요할 때 대학이라는 디딤돌이 있습니다. 꼭 한번은 그 디딤돌을 밟고 가시기 바랍니다."

내가 이제 막 창업한 분들이나 스타트업 대표들이 모이는 자리에서 던지는 메시지다.

창업 초기 스타트업은 살얼음판을 걷는 기분으로 하루하루를 보낸다. 사업 초반에 자칫 방심했다가 '죽음의 계곡'에 빠지는 경우가 많기 때문이다.

사업을 시작도 못하고 '죽음의 계곡'에 빠져서 헤어 나오지 못하는 낭패를 겪지 않으려면 어떤 방법들이 있을까?

대학을 통한 정부 지원 프로그램

인터넷에서 창업 지원과 관련된 사업이나 프로그램·제도 등을 찾아보면 오히려 너무 많은 정보가 쏟아져 도대체 어디에서 어떻게 도움을 받아야 할지 난감한 경우가 많다.

그럴 때는 가까운 주변 대학교를 찾거나 동문 대학을 찾아보기를 권한다. 해당 대학에 초기 창업기업이나 예비 창업자를 대상으로 하는 여러 프로그램이 있을 것이다. 만약 대학 홈페이지에서 찾기가 어렵다면 '○○대학교 산학협력단'이라고 검색을 하면 조금 더 쉽게 찾아볼 수 있다.

앞서 말한 것과 같이 정부에서는 대학을 창업 지원의 메카로 변화시키려고 다양한 지원 사업과 프로그램을 수행하도록 하고 있다. 기업과의 산학협력 활성화를 지원하는 대표적인 사업으로는 교육부에서 산학협력을 선도하도록 주요 대학을 선정하여 운영하는 링크플러스(LINC+) 사업과 대학의 창의적 자산을 실용화하는 데 목적을 두고 있는 브릿지플러스(BRIDGE+) 사업, 과학기술정보통신부의 기술업그레이드R&D지원 사업 등이 있다.

막다른 골목에서 길을 찾다

'글로벌 음악 레슨'을 목표로 창업한 스타트업 '클레슨'의 이야기다.

첫 미팅에서 본인들의 기업 소개를 마치 아이돌 그룹처럼 준비한 듯한 모습이 인상적이었다. 누구나 알만한 대기업을 그만두고 또래 친구들과 야심 차게 모여 창업한 당찬 젊은이들이 이 스타트업의 창업 멤버들이었다. 참신하게 프레젠테이션하는 젊은 대표를 보면서 나도 덩달아 적극적으로 임하게 되었다.

"대표님이 원하는 사업 아이템은 잘 보았습니다. 그중에 우리 대학에서 해결할 수 있는 기술이나 교수님이 있는지 한번 찾아보겠습니다."

몇 번의 질문과 대학이 보유한 기술 및 연구자에 대한 안내를 통해 기업에서 필요로 하는 기술을 파악했다. 관련 연구를 하는 교수도 빠르게 찾을 수 있었고, 교수도 많은 관심을 보였다. 보통은 기업이 필요로 하는 기술을 찾아도 그 기술을 연구하는 교수와의 일정이 맞지 않으면 기술미팅 잡기가 여간 힘든 게 아닌데, 이번에는 일사천리로 기술미팅을 진행할 수 있었다.

그런데 정작 기술미팅에서 교수가 개발할 수 있는 내용이 처음 기업에서 생각한 것과 다른 기술이라는 사실을 알게 되어 진행이 잠시 정체되었다. 다시금 서로의 니즈를 분명하게 파악하기 위해 교수에게 연구 내용 전반에 대한 자세한 소개를 부탁했고, 교수는 그동안 연구실에서 했던 다른 연구들을 하나씩 보여주었다.

그러자 젊은 대표는 무릎을 탁 치며 "엇! 교수님, 저희 사업 아이템 중에 지금 교수님이 말씀하신 '음악 평가 시스템'도 언젠가 필요하다고 생각했었습니다!"라며 기술 내용과 개발 가능성을 다시 논의하게 되었다. 이렇게 R&D 주제가 새롭게 정해졌고, 기술 개발 수준을 파악하여 이에 맞는 해당 사업의 시작품 개발을 지원하게 되었다.

죽음의 계곡은 항상 한 계곡 넘을 때마다 새롭게 나타난다고 한다. 기업을 운영하다 보면 예상치 못한 일들과 골칫거리들이 등장하지만 그중에서 신사업 아이템을 찾거나 기술적 난제를 해결하고자 할 때는 대학을 통해 돌파구를 찾는 방법이 있다.

Tip 먼저 가족기업으로 등록하자

링크플러스(LINC+) 사업과 브릿지플러스(BRIDGE+) 사업, 과학기술정보통신부의 기술업그레이드R&D지원사업, 중소벤처기업부의 산학연협력 기술개발사업(첫걸음, 도약, 디딤돌) 등을 전국 모든 대학이 수행하는 것은 아니다. 미리 해당 대학 또는 각 정부 부처 홈페이지에서 사업명으로 검색하면 이런 사업을 수행하는 대학인지 아닌지를 쉽게 확인해 볼 수 있다.

참고로 링크플러스, 브릿지플러스 사업은 한국연구재단 홈페이지(www.nrf.re.kr), 기술업그레이드R&D지원사업은 과학기술일자리진흥원 홈페이지(www.compa.re.kr), 산학연협력 기술개발사업은 중소기업 기술개발사업 종합관리 시스템 홈페이지(www.smtech.go.kr)에서 확인할 수 있다.

그 외에도 수많은 지원 사업이 있지만 우선 위 사업을 통해서 대학과의 협력 관계를 맺어 놓고 기업에 맞는 지원, 협력 프로그램을 찾아보는 것이 바람직하다. 요즘에는 대학과 양해각서(MOU) 같은 거창한 업무협약을 체결하지 않아도 멤버십처럼 간단한 등록이 가능하다. 대학마다 기업을 등록하는 방법은 다양하며, '가족기업'과 같은 이름으로 운영한다. 가족기업으로 등록하면 대학에서 지원하는 기업에 대한 정보와 소식을 안내받을 수 있고, 대학과의 긴밀한 협력이 필요할 때 훨씬 신속하게 진행할 수 있다는 장점이 있으므로 미리 산학협력단에 문의해 등록해두면 도움이 된다.

이렇게 대학과 관계를 맺고 제품 개발에 필요한 지원 자금을 받는다고 해서 당장 몇 달 만에 죽음의 계곡을 넘기란 쉽지 않으며, 끈기를 가지고 노력해야 한다는 사실도 명심해야 한다.

Tip R&D 사전 준비와 지원 방식

교수나 연구실과 미팅이 잡히면, 사전에 해당 교수의 연구실 홈페이지와 논문 또는 특허(특허청 무료특허검색 사이트 www.kipris.or.kr)를 충분히 검색해보는 것이 좋다. 그러면 서로 원하는 기술과 사업의 방향을 잡는 데 시간과 비용을 아낄 수 있다.

정부에서 지원하는 사업이 아니더라도 각 대학 산학협력단에서는 연구자 또는 교수와 기업의 R&D 또는 시작품 개발 주제가 정해졌을 때, '연구비 또는 바우처' 형태로 자금을 지원하기도 한다. 대학마다 규모와 방식은 다를 수 있으나, 기업에 직접 연구비를 지급하는 경우는 드물며, 보통 대학에서 연구비를 관리하고, 연구자와 기업이 개발에 필요한 비용을 청구하는 방식이니 대학으로부터 자금 형태로 지원을 받고 비용을 사용할 때는 사전에 절차를 충분히 검토하고 진행해야 한다.

05 UNIVERSITY RESEARCH & DEVELOPMENT

작은 기업일수록 대학과 함께

"대학도 성과를 내려면 어느 정도 규모 있는 기업과 협력하거나 공동개발 같은 것을 해야 하지 않나요?"

3년 전 대학의 산학협력을 내용으로 기사를 쓰려고 한다는 기자가 나를 찾아와 이런 질문을 했다. 대학의 산학협력 발전 방향과 대학 기술이전 활성화를 주제로 기사를 쓰려고 한다며 여러 가지 질문을 했는데, 이 질문도 그중 하나였다.

"기자님 말씀처럼 대학도 성과가 필요하지요. 정부에서는 대학을 활용해서 기업과의 협력을 도모하고 지역사회나 경제에 기여하도록 하고 있습니다. 궁극적으로는 대학을 산업 경제 전반에 영향력을 발휘하는 전진기지 같은 곳으로 만들려고 하는 것 같아요."

"그러려면 대학은 중견기업이나 대기업과 협력을 추구해야 대형 성과들이 팍팍 나오지 않겠어요?"

맞는 말이다. 대학도 눈에 띄는 성공 사례와 성과가 있어야 정부에서 더 많은 지원을 받고, 그래야 더 많은 기업을 지원할 수 있다. 하지만 동시에 놓쳐서는 안 되는 원칙이 있다.

큰 성과를 낼 것 같은 중견기업, 대기업과 협업을 하는 것을 닭이라고 하면, 아직 성과는 없지만 앞으로 성과를 낼 수 있는 잠재력 있는 소규모 기업과 스타트업을 지속적으로 돕는 것이 달걀이다. 큰 성과를 배제하자는 것은 아니지만, 닭보다는 달걀에 더 큰 비중을 두는 것이 대학 산학협력의 본질에 가까운 것이 아닐까?

우연을 대하는 태도

창업 초기에는 그 기업이 어떻게 성장할지 아무도 모른다. 좋은 기술을 가지고 있지만 사업성이 부족해서 실패하는 기업이 있을 수도 있고, 기술은 없지만 대표의 영업력과 네트워크로 시장을 돌파하는 기업이 있을 수도 있다.

몇 년 전 대학 내 사무실 입주공간에서 작게 사업을 시작했던 기업의 대표를 한 모임에서 우연히 만나게 되었다. 그 당시에는 기업들이 대학 내에 빈번하게 입주와 퇴거를 반복하던 시점이라 그런 기업 중 하나로 생각했었다.

그런데 퇴거 이후 그 대표는 기업을 설립했고 불과 2~3년 만에 교수가 추천하는 기업이 되었다. 지금도 초기 단계이기는 하지만, 벤처인증뿐만 아니라 여러 가지 자격을 갖추어야 받을 수 있다는 '신기술 인증(NeT)'까지 획득했다고 한다. 게다가 그동안 다양한 정부 R&D 사업에 선정되었으며, 그 기업의 가치를 알아본 대기업에서 이미 투자를 받고 있었다. 예전에는 학교에서 큰 관심을 갖지도 않았던 기업이지만, 지금은 투자자들이 그 대표를 만나려고 줄을 서야 하는 상황이 된 것이다.

원석의 재발견

미국의 12살짜리 남자아이가 식사 자리에서 엄마에게 말대꾸하며 대들었다고 한다. 지켜보던 아버지가 컵에 있던 물을 아들의 얼굴에 끼얹었다. 이에 아들은 이렇게 대답했다. "샤워를 시켜줘서 고맙습니다." 이 남자아이는 커서 굴지의 IT 기업을 만든다. 바로 마이크로소프트사의 창립 CEO 빌 게이츠(Bill Gates)다.

최근 중국의 최대 전자상거래 업체 알리바바(阿里巴巴, Alibaba)가 미국의 아마존(Amazon)을 위협하는 거대 기업이 되었는데, 이 알리바바의 창업자인 마윈(馬雲)의 경영철학은 무척 독특하다.

> 알리바바의 창업자 마윈은 "내가 IT를 모르기 때문에 알리바바 기술이 최고"라고 한다. 핀테크 기술을 이용해 중국의 IT 기업으로 새 역사를 쓰고 있는 알리바바의 마윈은 이메일 정도 밖에 모르는 IT 비전문가다. 오히려 자신의 성공비결이 "기술에 대한 무지"라고 자랑스럽게 말했다.
>
> 출처: '"내가 IT를 모르기 때문에 알리바바 기술이 최고"라는 마윈', 〈티타임즈〉, 2017. 11. 20.

만약 창업 초기에 마윈이 이런 경영철학을 투자자들 앞에서 자신 있게 발표했다면 과연 투자자들이 알리바바에 투자나 지원을 했을까? 당연히 이상한 사람이라고 생각하고 등을 돌렸을 것이다.

나는 대학이 이런 가능성을 놓치지 않기를 바라며, 나 역시도 산학협력 담당자로서 고정관념을 버리기 위해 끊임없이 다양한 방향으로 협력 가능성을 생각하며 기업들을 대하려고 한다.

지금 당장은 누가 봐도 사업과는 거리가 멀고, 사업을 잘 모르는 젊은 대표의 순진한 사업 아이템으로 치부될 수도 있다. 하지만 그런 아이디어와 가능성을 잘 모으고 분류해서 대학의 기술과 노하우를 합쳐 R&D로 재가공하게 된다면 이야기는 달라진다. 이런 상용화, 상품화 기회를 작은 기업에 많이 제공하는 것이 산학협력에 있어서 대학의 역할이다.

06 UNIVERSITY RESEARCH & DEVELOPMENT

대학에 숨어 있는 보물찾기

"여러분은 미국에서 가장 유명하고 잘 팔리는 상품이 무엇이라고 생각하세요?"

대학원 마지막 학기 특강을 듣던 중 강사가 이런 질문을 했다.

"나이키, 코카콜라……."

우리는 알고 있는 유명 브랜드를 저마다 대답했다.

"물론 여러분이 말씀하신 것들도 유명하지만, 제가 생각하는 미국의 가장 알짜 상품은 '대학'입니다."

강사의 말은 이렇다. 미국의 대학은 특별히 생산하고 판매하는 것도 없으면서 전 세계 수많은 사람을 모으는 힘이 있다는 것이다. 대학이 따로 홍보하지 않아도 전 세계 수많은 학생이 하버

드, 스탠퍼드, MIT 같은 미국의 유명 대학을 갈망하고 입학하기를 원한다. 입학만 된다면 미국의 '대학'이라는 상품에 고액의 등록금도 주저하지 않고 기꺼이 지불한다.

왜 그럴까? 도대체 무엇이 전 세계 수많은 젊은이에게 글로벌 대학에 입학하는 것을 꿈꾸고 갈망하게 만드는 것일까?

물론 오랜 역사와 전통, 높은 교육 수준 등 기본적인 대학의 조건들이 있을 것이다. 하지만 이와 더불어 최근 글로벌 대학들이 점점 더 명문화되고 전 세계인들을 불러 모을 수 있는 이유는 글로벌 대학들이 이미 오래전부터 '기업가적 대학(Entrepreneurial University)'의 모습을 갖춰 왔기 때문이다. 이처럼 글로벌 대학들은 이미 그 나라의 새로운 가치 창출의 도구로 사용되고 있다.

혁신을 위한 공간

어느 날 사무실로 전화 한 통이 걸려왔다.

"안녕하세요? 저는 교수님 소개로 연락을 드린 A회사 대표 ○○○입니다."

최근 주변에서 많은 분이 좋은 기업이 있다며 추천을 해주어서 기업을 만나게 되는 경우가 종종 있다.

가급적 초기 미팅 때 기업 현장을 직접 찾아가려고 한다. 그래야 기업에서도 대학을 호의적으로 여기고, 서로 더 쉽게 신뢰를 쌓을 수 있기 때문이다. 그러나 이 기업의 대표는 먼저 학교로 방문해 사무실 카페테리아에서 첫 미팅을 진행했다.

“와, 대학에 이런 공간이 있네요? 학교에는 강의실이나 사무실 공간만 있는 줄 알았는데.”

“그렇죠? 여기는 사무실이면서 기업들과 함께 사용하는 아이디어 사업화 공간입니다.”

대표를 만난 곳은 구글이나 해외 글로벌 기업들이 회사 자체를 오픈 이노베이션(Open Innovation)의 공간으로 사용하는 것을 모델 삼아, 대학에 입주한 기업들이 사용할 수 있도록 만든 공간이었다.

“저희처럼 이제 막 창업한 사람도 이곳에 들어올 수 있나요?”

“그럼요! 이곳은 창업 전이라도 일정한 조건을 갖추고 심사를 통과하면 무료로 최대 6~9개월까지 사용할 수 있는 오픈 공간입니다. 물론 사업 타당성과 시장성 등을 평가해서 입주 여부를 결정하고 있습니다.

파티션이 없어서 다소 불편할 수 있지만, 공동 회의실, 간이침대, 공용 카페테리아를 자유롭게 사용할 수 있어서 편리한 점도 있죠.”

요즘에는 이렇게 스타트업이나 창업을 준비하는 예비 창업자들에게 부담 없이 공간을 사용할 수 있는 곳이 많아졌다. 창업 전에 준비과정 없이 사무실부터 덜컥 계약했다가 얼마 못 가서 문을 닫게 되는 경우도 많기 때문에 사무실을 구할 때 이런 공간 지원 정보를 충분히 검토해보는 것이 좋다.

R&D의 타이밍

한번은 아는 변리사의 추천으로 학생처럼 캐주얼한 차림을 한 앳된 모습의 젊은 스타트업 대표를 만났다.

1인 기업가로 29살의 나이에 특허도 출원한 경험이 있었고, 창업 아이템으로 DB(Data Base) 검색 알고리즘을 개발해서 IT 기업으로서 기초를 다지고 있었다.

나는 시간을 단축하기 위해 방문 전에 기업 정보를 받고, 미리 기업의 규모와 사업 아이템에 맞는 정부 지원 사업을 골라 두었다.

그런데 사업 내용을 들어보니 규모가 크지 않은 사업구조였고 이른 시일 내에 개발되어야 한다는 요구가 있었다. 다시 말해 정부 지원 사업으로서는 시의성이나 사업 규모 면에서 적합하지 않은 경우였다.

"대표님, 제가 검토해봤는데요. 정부 지원 사업을 신청하면 5천만 원 이상의 지원을 받을 수 있지만, 사업 신청 기간은 다음 달부터 시작하고 '1차 서류 심사 → 현장 평가 → 2차 대면 평가 → 최종 선정'까지 최소 4~6개월 정도 소요됩니다."

"네? 그렇게 시간이 많이 걸려요?"

정부에서는 인내심 많고 지원 절차와 계획에 따라 성실히 함께할 수 있는 기업을 찾으려 하기 때문에 지원을 받기까지 시간이 오래 걸린다. 그러다 보니 성질 급한 대표들은 시작도 못하고 포기하기도 한다.

"과장님, 그럼 저는 다른 도움을 받을 수 없나요? 저처럼 갑자기 나타나서 지원 방법을 찾는 기업들은 도움받기가 어려울까요?"

"음, 그러면 개발하시려는 아이템에서 보완해야 할 알고리즘 기능이나 검증이 필요한 요소는 없나요?"

"저희 서비스는 DB 검색이 필요하다 보니 보안성이 필요하고, 또 DB를 몇만 단위로 대량 운영하여야 하니 빅데이터 처리가 가능한 연구자가 있으면 좋겠습니다."

"대표님, 이 정도 규모면 우리 대학에서 지원 가능한 자체 프로그램이 있을 것 같습니다."

신속히 교수와 매칭이 이루어졌다. 다행히 빅데이터를 연구하는 교수도 젊은 대표가 개발하려는 시스템에 관심을 보였고, 선뜻 공동연구를 진행하기로 했다.

이렇게 스타트업이 자금 부족으로 개발을 못하는 경우, 기업의 부담을 줄이고 공동개발의 기회를 높이기 위해 대학이 기업을 지원하는 프로그램들이 있다.

또한 정부의 지원을 받아 기업을 지원하는 자금도 있다. 대학은 시작품 제작, 상용화 검증, 금형 제작 등에 드는 비용을 기업과 대학이 공동으로 개발하는 조건으로 지원하기도 한다.

이런 숨어 있는 정보들은 대학의 규모와 지원방식에 따라 다양하다. 따라서 정부기관에서 오랜 시간을 두고 중대형 규모로 지원하는 R&D 사업이 아니더라도 포기하지 말고 다양한 방법을 모색해보자.

· 2장 ·

아는 사람만 아는 대학의 지원 프로그램

01 UNIVERSITY
RESEARCH & DEVELOPMENT

변호사도 몰랐던 대학의 R&D 지원 프로그램

스탠퍼드 대학에는 '디 스쿨(D. SCHOOL)'이라는 곳이 있다. 이곳은 창업 또는 비즈니스에 필요한 창의력을 키우고 싶은 학생들이나 스타트업에게 단순히 돈이 되는 비즈니스 영역에서 벗어나, 아이디어를 구체화하고 세상에 없는 새로운 비즈니스를 도출하는 등 이른바 '디자인 씽킹(Design Thinking, 생각을 디자인하는 방법)'을 가르치는 곳이다. 설립 이후 스탠퍼드 대학의 가장 유명한 장소가 되어 전 세계 스타트업의 방향을 제시하는 역할을 하고 있다. 우리가 알고 있는 글로벌 기업인 구글, 코카콜라 등과 함께 다양한 협력을 하며 인기 장소가 되었으며, 지금도 많은 이들이 견학과 체험을 하기 위해 몰려들고 있다.

> 디자인 씽킹의 대표적인 예가 아마존이다. 아마존닷컴의 설립자 제프 베저스(Jeff Bezos)는 인터넷 시대가 도래하자 인터넷을 통해 무엇을 팔 수 있을까 고민하다가 결국 책을 팔기로 한다. 그러나 당시만 해도 인터넷 서점이라는 선례도 없을뿐더러, 사업 모델에 대한 검증조차 없었다. 그런데도 베저스는 투자자들을 설득하는 데 성공한다. 그는 프레젠테이션에서 바로 '미래'를 보여주었고, 투자자들의 신뢰를 얻을 수 있었다.
>
> 출처: '디자인 씽킹이란?',《창의융합 프로젝트 아이디어북》, 2015. 6. 10.

대학은 이렇게 교육과 연구의 공간에서, 기업을 지원하고 아이디어와 기술을 사업화하는 창의적 공간으로 바뀌고 있다.

변화와 도전

한번은 후배가 고연봉의 외국계 회사를 그만두고 스타트업에 입사했다는 소식을 듣고 오랜만에 먼저 연락을 했다.

"회사는 다닐만해? 거긴 어떤 회사길래 다니던 회사를 그만두고 갔어?" 궁금한 마음에 이것저것 물어보았다.

들어보니 의외로 사업 아이템이 신선했다. 또 본인도 이때가 아니면 인생에서 새롭게 도전할 기회를 놓칠 것 같았다며, 열정이 넘치는 말투와 에너지로 설명했다. 후배는 자신보다 대표가 훨씬 더 열정적이라며 자랑스럽게 이야기했다.

"저희 대표님은 로펌에서 변호사로 활동하시다가 지금의 스타트업을 차리게 되었어요."

현재의 위치에 안주하지 않고 인생 중반부에서 다시 출발선에 선 이 둘은 어렵게 가족을 설득시키면서까지 새로운 도전을 시작했을 것이다.

"어떤 것을 하는 스타트업이지?"

"저희는 앱을 통해서 문자를 보내면 개인 비서처럼 서비스를 제공하는 회사예요."

처음에는 변호사라는 직업을 그만두고 왜 이 길을 택했는지 궁금했다. 그러나 회사로 방문해 대표와 미팅을 하면서 생각보다 이 서비스를 이용하는 사용자가 많다는 사실을 알게 됐다.

그 기업은 이미 투자자들의 입에 자주 오르내리고 있는 스타트업이었다. 대표는 앞으로 기업이 나아가야 할 방향은 4차 산업혁명에 걸맞은 인공지능 서비스를 제공하는 것이라고 말하면서 구체적인 미래 비전을 설명했다.

"현재 우리 서비스는 사람이 일일이 처리하고 있지만, 장차 챗봇(Chatbot: 메신저에서 인공지능과 일상 언어로 대화할 수 있도록 구현한 시스템) 기술 개발을 통해서 개인 비서 서비스를 점차 자동화하려고 해요."

그래서 개발 중인 챗봇 기능을 보완할 기술이 필요한 상황이었다.

기업의 기술 수요 파악하기

대학은 소속 연구자들이 생산한 논문, 특허, 노하우 등의 결과물을 많이 보유하고 있지만 이런 결과물들이 항상 기업이 원하는 기술과 딱 맞아떨어지는 것은 아니다. 그래서 기업이 보유한 기술의 어느 부분이 취약하고 보완이 필요한지, 운영 최적화가 필요한지 등 기업의 정확한 기술 수요를 파악하는 것이 중요하다.

처음 기업은 챗봇 기술의 기반이 되는 언어 처리 기술을 찾고 있었다. 교수 중에 자연어 처리를 연구하고 있는 교수가 몇 명이 있었지만, 미팅이 쉽게 이루어지지는 못했다.

이렇게 기업과 연구자 매칭이 잘 안 될 때는 한 박자 쉬면서 천천히 연구자 정보를 찾아보는 것이 오히려 좋을 때가 있다. 그렇게 일주일 정도 지지부진한 상황이 계속되던 중 대표에게서 전화가 왔다.

"과장님! 저희가 논문을 찾아보다가 교수님 한 분을 찾았습니다! 그분 논문을 보니까 오히려 자연어 처리 교수님보다 이분이 기술적으로 더 도움이 될 것 같아요!"

뜨거운 열정 덕분이었던 것일까? 기업에서 먼저 적극적으로 연구자 정보를 찾아준 덕분에 이후 절차는 아주 빠르게 진행됐다. 매칭된 교수도 기술미팅에 적극적으로 임해서 순조롭게 진행할 수 있었다.

이렇게 연구자 매칭이 잘될 수 있었던 이유는 빠르게 R&D 주제가 정해졌고 기업이 원하는 개발 내용과 교수의 역할이 명확했기 때문이다. 그래서 산학협력단에서도 정부 R&D 사업 중 그 기업에게 적합한 사업을 즉시 안내할 수 있었고, 사업 신청 마감일이 며칠 남지 않았음에도 실수 없이 추진할 수 있었다.

첫 번째 정부 R&D 사업에는 탈락했지만 이후 대표에게 재도전을 권유하여 몇 개월 동안 준비 끝에 챗봇 기술로 미래의 생활을 한 단계 앞당긴 서비스를 제시하여 최종 선정되었고, 1억 원의 지원 자금을 획득할 수 있었다.

Tip 정부 R&D 사업 신청 서류와 사업계획서

정부에서 지원하는 R&D 사업은 기본적인 서류가 꽤 많이 필요하다. 하지만 미리 겁먹을 필요는 없다. 개인정보사용동의서나 청렴서약서처럼 서명이나 동의를 구하는 의무제출 형식의 서류가 절반 이상이기 때문이다.

가장 중요한 것은 사업계획서를 잘 쓰는 것이다. 아무리 개발하려는 기술의 내용이 좋아도 계획서가 목차에 맞게 잘 표현되지 않으면 경쟁에서 떨어질 수밖에 없기 때문이다.

부록의 R&D 사업계획서 구성 및 작성 팁(218페이지), R&D 사업계획서 예시(220페이지)를 참조하면 사업계획서 기본 구성과 기초적인 작성 방법을 파악할 수 있을 것이다.

특히, 중소벤처기업부의 R&D 사업에 대한 정보는 기술개발사업 종합관리 시스템 홈페이지(www.smtech.go.kr)에 다양한 기술 분야의 사업계획서 작성 예시와 동영상 자료 등이 정리되어 있으니, 실제 작성 예시를 확인하고 싶을 때 참고하면 도움이 된다.

02 UNIVERSITY RESEARCH & DEVELOPMENT

교수님도 몰랐던 대학의 스타트업 지원 프로그램

"아니, 대학에 있는 교수님도 몰랐던 기업 지원 프로그램이 있다고요?"

그렇다. 정작 대학에 있는 교수들뿐만 아니라 소속 직원들도 본인이 속해 있는 대학에서 어떠한 기업 지원 프로그램들이 있는지 잘 모르는 경우가 많다. 대학이라는 거대한 조직에서는 매일같이 다양한 정보들이 생산되기 때문에, 같은 대학 내에 있다 하더라도 관심을 가지고 꾸준히 모니터링하지 않는 이상 본인이 원하는 정보를 알기란 쉽지 않다.

그래서 대학 내 예비 창업자들(특히 학생 창업, 교수·교원 창업·실험실 창업자)에게 대학이 지원하는 창업 관련 정보를 골고루 전파하기 위하여 부단히 노력하는 것도 산학협력 담당자의 업무다.

하루는 창업과 관련 없을 것 같은 수학과 교수 한 명이 상담 신청을 했다.

"교수도 창업할 수 있나요?"

"그럼요! 요즘에는 대학 내에서 학생뿐만 아니라 교수님들도 창업할 수 있게 창업제도가 다양해졌고, 대학교원, 국공립연구기관의 연구원, 전문생산기술연구소의 연구원 등이 벤처기업 또는 창업자의 대표자나 임원으로 근무할 수 있도록 휴직 제도가 법(「벤처기업육성에 관한 특별조치법」 제16조)으로 정해져 있습니다."

교수들은 평소에도 연구와 교육으로 워낙 바쁜 시간을 보내기 때문에 사업을 병행하려면 엄청난 시간적, 정신적 투입이 필요하다. 그런데도 교수라는 바쁜 직업에 창업을 더하려는 이유가 무엇인지 궁금했다.

"어떤 아이템으로 창업하려고 하세요? 그리고 왜 사업을 하려고 하세요?"

"수학을 가르치는 사람이라 그런지 언제부터인가 '수포자(수학을 포기한 학생을 일컫는 말)라는 말이 왜 나왔을까? 수포자를 막을 방법은 없을까?'라는 생각이 들었습니다. 그리고 수학을 재미있는 게임처럼 배울 방법을 만들어보기로 했습니다."

수학 원리와 R&D

첫 번째 사업 아이템은 수학 원리를 이용한 카드게임이었다. 게임을 하다 보면 수학의 한 이론을 자연스럽게 체득할 수 있다는 것이다.

창업 아이템을 설정할 때는 다양한 목적과 용도가 있다. 이 사업 아이템은 게임의 재미보다는 교육적인 면에 초점이 있기 때문에 고객의 타깃층을 학생 또는 학부모에 맞춰야 하고 마케팅도 그에 따라야 했다. 교수는 그런 사업 경험이 없었던 터라 그에 맞는 사업 관련 컨설팅도 병행되었다.

최근 창업에 대한 열기가 뜨거워 실제로 남녀노소 많은 사람이 창업에 도전하고 있다. 창업하는 데는 각자 다양한 이유와 목적이 있지만, 이처럼 사회적인 문제와 이슈를 계기로 창업을 하기도 한다.

교육자라는 직업을 이미 가지고 있음에도 창업을 결심한 이유는 단순히 돈 때문만은 아닐 것이다. 이 교수가 생각한 창업은 수학을 포기하는 어린 학생들에게 희망을 주기 위한 작은 시작일 수 있다. 그런 가치 있는 목적으로 창업을 결심하고 수포자를 한 명이라도 줄이기 위해 칼을 뽑아 든 교육자이자 창업자인 교수에게 도움이 될 방법을 함께 고민했다.

이런 수학 이론에 바탕을 둔 카드게임도 R&D를 통해서 업그레이드하면 훨씬 재미있고 다양한 종류의 게임으로 확장될 수 있었다. 그것을 목표로 삼고 중소벤처기업부 R&D 사업 도전을 제안했다. 모바일용 게임으로 개발하면 지금의 카드게임보다는 훨씬 많은 사람에게 전달될 것이고, 초기 비용은 들어가겠지만 마케팅 효과도 단기간에 얻을 수 있으리라 생각했다.

다행히 창업을 하려는 교수도 단순한 카드게임처럼 보이지만 수학적 이론에 기초한 보드게임이라는 식으로 사업 아이템과 관련된 특허도 탄탄하게 만들어 놓았다.

덕분에 R&D 사업에 처음 도전하는 것치고는 큰 문제 없이 1차 서류를 통과했고, 아래와 같이 개발 목표를 설정하여 좋은 결과를

사업계획서 개발 목표 예시

맞춤형 수학 게임 콘텐츠 개발 및 연구

개발 목표

- 본 연구개발 목표는 수학의 게임화임.
- 초중고에서 등장하는 수학적 이론을 IT 기술과 접목하여 교육 및 오락 효과를 줄 수 있는 수학적 보드게임으로 만들고자 함.
- 이를 위하여 복잡한 수학적 개념의 특징을 파악하여 이를 단순화하는 작업이 필요함.
- 보드게임을 오프라인 카드게임과 앱/웹 소프트웨어로 만들고자 함.
- 3종류의 보드게임을 확장하여 20여 종의 수학적 게임을 만드는 것이 목표.
- 궁극적으로 현재 산업 수학 열풍을 수학 산업 비즈니스 모델로 확장하고 수학을 흥미롭게 접근시켜 남녀노소가 즐길 수 있는 게임의 형태로 개발하는 데 목표를 둠.

얻을 수 있었다.

위 사업계획서 개발 목표 예시는 이 아이템을 개발할 때 실제 사업계획서에 작성되었던 내용을 일부 발췌하여 재구성한 것으로, 교육 콘텐츠나 유사한 아이템으로 사업계획을 준비할 경우 참고해도 좋다.

최근에는 이처럼 수학의 원리를 사업 아이템에 응용하는 스타트업이나 수학 원리를 통해 IT 기반의 기술을 개발하는 기업들이 늘어나고 있으며, 국가수리과학연구소 같은 수학 관련 산업과 비즈니스에 대한 연구와 지원을 하는 기관도 활발하게 활동을 하고 있어 수학 아이템 스타트업도 순풍을 타고 있다는 소식이다.

대학에 숨어 있는 비즈니스 파트너

이처럼 대학 내부에서 창업을 준비하는 학생, 교수, 교원 등에게도 대학이 어떤 지원과 역할을 할 수 있는지는 '산학협력단'이라는 창구를 통했을 때 비로소 잘 전달될 수 있다. 물리적으로 같은 울타리 안에 있어서 그 안에 있으면 뭔가 다를 것 같지만, 대학은 거대한 사회이기 때문에 각 구성원 개인에게 필요한 정보들이 실시간으로 공유되기는 쉽지 않다. 따라서 대학 내부에 숨어 있는 자원을 충분히 발굴하고 지원하는 것도 산학협력단의 중요한 임무 중 하나다.

기업이 이런 대학의 입장과 역할의 관계를 잘 이해하고 대학과 진행한다면, 잠재력 있는 사업 아이템과 그에 맞는 비즈니스 모델을 구상하고 대표자의 역량을 더 높이 발휘할 수 있는 좋은 파트너가 될 것이다.

03 UNIVERSITY RESEARCH & DEVELOPMENT

대학은 잠재력 있는 기업을 찾고 있다

한번은 동료직원이 아침부터 기업 미팅에 같이 가자며 내게 일정을 물었다.

"과장님, 오늘 오후에 시간 괜찮으세요?"

어떤 회사인데 나를 꼭 데리고 가려는지 궁금했다.

"결제 시스템을 개발하는 회사인데, 자세한 건 만나봐야죠."

결제 시스템이라. 카카오페이나 삼성페이 같은 전자결제 서비스를 말하는 건가?

중소벤처기업이 다루기에는 규모가 큰 사업인데 어떤 방식일지 궁금했다. 백문이 불여일견, 동료가 적극적으로 추천한 기업이니 동행하기로 했다.

미래를 준비하는 기업

찾아간 곳은 페이업㈜이라는 스타트업이었다. 이전에도 창업해본 경험이 있는 40대 초반의 젊은 대표는 상당히 에너지 넘치는 분이었고, 직원들과 가족처럼 도란도란 이야기하는 모습이 꽤 친근해 보였다.

사업 아이템을 차근차근 들어보니, 이 결제 시스템의 특징은 기술의 차별성보다는 대상 고객에 있었다.

초창기에는 소상공인, 전통시장 상인, 농가 농민들이 손님들로부터 손쉽게 카드로 결제를 받을 수 있게 하는 B2B 서비스를 목표로 시작했다고 한다. 기업 대표가 이전에 카드 관련 회사에서 근무하던 중 떠오른 사업 아이템이었다.

산학협력을 진행하기 위해 페이업㈜ 서비스에 필요한 특허와 연구자를 검토한 끝에, 핀테크 전문 교수와 블록체인 기술 전문 교수 두 명을 매칭하게 됐다. 보통 한 명의 교수와 협력을 하기도 쉽지 않은데, 두 명의 교수가 이제 막 창업한 레드오션(Red Ocean) 비즈니스를 하는 회사에 관심을 보이는 경우는 드물었다.

어떻게 보면 단순한 비대면 결제 서비스 회사이지만, 그 기업의 비전은 앞으로 더욱 유망해질 핀테크 산업을 지향하고 있었다. 또한 기업이 만든 결제 앱은 대형회사들의 결제 방법과는 아직 비교할 수 없지만 매칭 교수의 블록체인 기술을 적극적으로 넘겨받아 미래를 준비하고 있었다.

R&D는 재도전이 필수

얼마 뒤, 대학으로부터 넘겨받은 블록체인 기술 관련 특허를 기반으로 중소벤처기업부에서 지원하는 R&D 사업(사업명: 첫걸음 R&D, 1억 원/1년 지원)을 함께 기획하기로 했다. 이미 두 교수와 파트너십을 이루고 있어 R&D 주제를 찾는 데는 문제가 없었다. 본격적으로 사업계획서 작성부터 모의평가까지 하나씩 함께 준비를 했지만 첫 번째 시도에서는 고배를 마시게 되었다. 보통 첫술에 배부르긴 쉽지 않다. 아무리 잠재력 있는 기업이라도 말이다.

이전에 사업계획서를 써본 경험이 없는 대표에게는 정부 R&D 사업 지원이 인생의 새로운 숙제 같은 것이었다. 그래도 하나하나 모범생처럼 물어보고 또 물어가며 임했고, 지성이면 감천이라고 두 번째 도전에서는 사업 선정의 기쁨을 누릴 수 있었다. 이후 서비스의 고도화를 위한 시작품 지원 사업에도 선정되어 창업 초기에 대학과의 협력으로 사업의 첫걸음을 순조롭게 이어나갈 수 있었다.

04 UNIVERSITY RESEARCH & DEVELOPMENT

사회적 기업이 대학과 함께 해야 하는 이유

산학협력을 통한 R&D의 좋은 점을 다시 한 번 정리하면, 사업을 하면서 자금이 부족해서, 인력이 없어서, 혹은 기술이 없어서 기업 혼자 힘으로는 어려웠던 것들을 실제로 가능하도록 도와준다는 것이다.

요즘은 '적정 기술(Appropriate Technology: 인간의 삶의 질을 궁극적으로 향상시킬 수 있는 기술)'이나 '사회적 기업(취약계층에게 사회 서비스 또는 일자리를 제공하여 지역주민의 삶의 질을 높이는 등 사회적 목적을 추구하면서 재화 및 서비스의 생산·판매 등 영업 활동을 수행하는 기업, 「사회적기업 육성법」 제2조 제1호)'으로 창업을 하는 분들을 종종 볼 수 있다.

'사회적 기업 데모데이(Demo-day) 경진대회'에 심사요청을 받아 참석하게 되었을 때의 일이다.

"저희 회사는 중고 자전거와 휠체어를 결합한 전동 휠체어를 만들어서 비싼 전동 휠체어를 대체하고, 이 전동 휠체어를 공유 자전거처럼 각 지역에 설치해서 몸이 불편한 사람들이 자유롭게 이용할 수 있도록 하고 싶습니다!"라며 밝은 표정으로 자신감 있게 발표하는 대표를 볼 수 있었다.

하지만 정작 평가에서는 좋은 점수를 받지 못했다. 자전거와 휠체어를 연결하면 세발자전거 같은 모양이 되는데, 현실적으로 몸이 불편한 사람들이 타기에는 승하차가 불편해 보였고, 그렇다고 전기 자전거보다 좋은 점을 찾기도 어렵다는 의견이 많았기 때문이다.

귀천 없는 스타트업, 귀천 없는 R&D

며칠 뒤 전동 휠체어 아이디어를 내놓은 기업의 대표가 산학협력단으로 연락을 해서 만날 기회가 있었다.

기업 대표에게 산학협력을 통한 정부 R&D 사업이 가능하다는 내용을 설명하자, 이런 내용을 처음 들어보는 대표는 기업이 대학과 함께 공동개발을 진행할 수 있다는 사실을 신기해했다.

"사회적 기업도 R&D를 할 수 있나요?"

"그럼요! 사회적 기업은 스타트업이 아닌가요? 대학은 사회적 기업을 더 적극적으로 도와야 합니다. 그게 대학의 역할이고요."

사회적 기업도 다른 스타트업이나 벤처기업과 다를 게 없다. 오히려 대학이 더 관심을 두고 협력할 방법을 함께 찾아야 하는 기업이 바로 사회적 기업이다.

기업의 기본 현황을 확인한 뒤 관련 교수를 찾아보았다. 그러나 전동 휠체어나 전기 자전거를 직접 연구하는 교수는 없었기에 포괄적인 관점에서 기술 지원이 가능한 교수는 없는지 검토해보았다.

그래서 우선은 사람을 이동시키는 수단에서 중요한 부분은 안전성이라고 판단하여, 이를 뒷받침하기 위해 구조물에 대한 정확한 분석과 부품에 대한 경량화 검증 등이 필요하다고 산학협력 포인트를 잡았다. 다행히 그런 기술에 최적화된 연구를 하는 실력 있는 교수를 찾을 수 있었고, 곧바로 기술미팅을 진행했다.

일반적으로 대학의 교수들은 대기업과의 공동개발과제나 정부 R&D 사업을 큰 규모로 진행하기 때문에 작은 기업과 소규모 R&D 사업을 하는 것이 부담스러운 것이 사실이다. 연구실의 연구원들 숫자는 제한되어 있고, 한정된 자원으로 여러 사업을 동시에 수행하는 것은 어렵기 때문이다.

그런데도 교수가 적극적으로 개발 주제에 대한 아이디어나 의견을 내고, 다음 달에 있을 대학과 기업이 함께 신청하는 정부 R&D

사업 신청에 응해주어서 일사천리로 일이 진행될 수 있었다.

기업 대표도 바쁜 가운데 우선적으로 이 일에 임했고, 중간에 나도 덩달아 꼼꼼하게 확인하며 사업을 준비했다.

사업계획서 작성하기

스타트업의 경우 본인의 사업 내용을 정부에서 원하는 사업계획서 양식에 맞춰 써본 경험이 없어 표현이 서툴고 신청서를 작성하는 데만도 많은 훈련이 필요하다. 하지만 이 대표는 산학협력단에서 배운 작성방법을 하나하나 반영하여 비교적 완성도 있는 사업계획서를 작성했고, 교수도 직접 개발 내용에 대한 자료와 데이터를 많이 준비해서 나름 완성도가 높아졌다.

2016년 11월에 처음 명함을 나누고 2017년 1월 목표사업으로 정한 중소벤처기업부의 '첫걸음 R&D' 사업을 신청했다. 이를 시작으로 2월에는 서면 평가와 현장 조사를 거쳐, 3월에는 대전에서 대면 평가를 받았다. 최종 선정 대상 발표는 4월로 예정되어 있었다. 그렇게 숨 가쁘게 달려온 5개월이 다 지날 무렵 전화 한 통이 왔다.

"과장님! 감사합니다! 저희 선정됐어요!"

기업의 크기와 유형은 중요하지 않다. 끌어주는 사람의 역할과 따라오려는 사람의 의지 그리고 화룡점정인 교수의 기술과 노하우까지, 이 모든 것이 잘 맞물린 바퀴처럼 돌아가면 좋은 결과는 자연스럽게 뒤따라온다.

R&D의 선순환 구조 만들기

요즘 사회적 기업을 지향하는 다양한 스타트업들의 가슴 뜨거운 아이템들이 많다. 사회적 기업들, 그중에서도 스타트업의 사업 아이템은 기술개발이나 이윤 추구보다는 어떻게 하면 취약계층이나 몸이 불편한 사람들에게 도움이 될지를 먼저 고민한다.

대학의 수많은 특허와 연구성과들이 이런 사회적 기업을 위해 활용되고, 대학은 기업에 기술을 이전함으로써 대학의 위상을 높이며, 궁극적으로는 이 기술이 인간의 삶의 질을 향상시키는 데 기여하게 된다면, 바로 이런 움직임이 사회적으로 바람직한 선순환 구조를 만들 수 있을 것이다.

05 UNIVERSITY RESEARCH & DEVELOPMENT

이제는 대학도 투자한다

대학은 진화하고 있다. 그 진화의 방향이 기업을 향하고 있으므로 기업들은 대학의 진화에 발맞춰 움직일 필요가 있다.

다양한 진화의 패턴 중에는 대학이 가지고 있는 여러 가지 자산(공간, 인력, 연구, 교육, 특허, 논문 등)을 기업에서 활용할 수 있는 방법이 있다. 과거 대학은 학문을 갈고닦는 기관으로, 연구와 실험의 기능을 중시했다. 하지만 이제는 대학과 기업을 떼어 놓고 말할 수 없는 상황이다.

조금만 관심을 두고 대학을 살펴보면 많은 대학이 산학협력, 기업 지원, 가족기업, 창업보육, 창업지원 등 기업가적인 키워드로 대학의 이미지를 변화시키고 있다는 것을 알 수 있다.

또한 최근 대학의 새로운 진화의 모습 중에는 투자와 관련된 일들도 급격히 늘어나고 있다.

대학이 투자를 한다? 어떻게 보면 '대학'과 '투자'는 어울릴 수 없는 단어처럼 보인다. 하지만 점차 대학과 기업의 협력이 강화되고 대학이 기업의 비즈니스 모델을 공유하거나 기업이 필요로 하는 기술을 대학에서 제공하는 등 서로 돕는 과정을 통해서 새로운 개념의 투자가 이루어지기도 한다.

좋은 기업을 발견했을 때나 좋은 기술을 찾았을 때 사람들이 투자를 하듯이, 이제는 대학도 좋은 기업이나 성장 가능성이 높은 기업에 투자할 수 있게 됐고, 반대로 기업에서도 대학이 가지고 있는 좋은 기술(특허, 논문, 노하우 등)에 투자하거나 기술을 이전받을 수도 있게 되었다. 이렇게 대학과 기업의 영역은 상호 교차하면서 넓어지고 있다. 산학협력이 확장되는 과정이라고 할 수 있다.

대학의 투자 방법

그렇다면 대학이 좋은 기업, 유망한 기업, 잠재력 있는 기업에 투자하는 방법에는 무엇이 있을까? 다시 말해서 어떻게 해야 기업이 대학의 투자를 받을 수 있는지, 당신이 투자를 유치해야 하는 기업의 대표라면 알아두어야 할 팁을 적어보고자 한다.

대학은 기업에 투자할 때 실제로 현금을 걸고 투자하지는 않는다. 대학이 가지고 있는 유·무형적 자산이 있는데, 이를 현금처럼 활용하여 투자한다고 생각하면 쉽다.

대표적인 방법으로 대학의 교수 또는 연구자가 자신의 전공을 바탕으로 발명한 특허와 노하우 같은 기술이 있다. 산학협력단에서는 이처럼 대학에서 출원한 특허에 대한 소유권을 가지고, 이 특허의 사용을 관리한다. 이런 특허나 기술을 대학의 기술지주회사가 이어받아 새로운 회사를 설립하는 데 투자하게 된다.

기술의 가치를 공식기관에 의뢰하여 평가를 받으면 기술의 금전적인 가치가 계산되어 나온다. 대학은 이런 가치를 기반으로 조인트 벤처(Joint Venture) 등의 형태로 기업에 기술을 출자하여 기술지주회사의 자회사 형태로 투자하게 된다.

그렇게 되면 대학은 출자한 기술 가치만큼의 기업 지분을 보유하게 되고, 대학은 그 지분의 가치를 더 높이기 위해 기술을 추가 개발을 하거나 기업이 성장할 수 있도록 다양한 산학협력 프로그램을 활용한다.

즉 초기 자금이나 인프라가 부족한 스타트업이라도 대학의 투자 또는 기술협력을 통해 사업을 함께 시작할 수 있다는 뜻이다. 하지만 대학의 기술지주회사들이 모두 이런 방식을 취하고 있지는 않기 때문에 공동 사업화를 위해서는 각 대학 기술지주회사 담당자와 충분한 사전 검토가 필요하다.

2007년 「산업교육진흥 및 산학연협력촉진에 관한 법」 개정 이후 2017년 말을 기준으로 전국대학 중 63개 대학에 기술지주회사가 있다. 그 아래 수많은 자회사가 운영되고 있으면서 예전에는 대학이 할 수 없었던 기업 투자 등이 가능하게 되었다.

기술이전은 또 다른 투자

기업이 대학의 기술에 관심을 두고 기술료를 지불하여 기업에 맞는 기술을 도입하는 행위를 '기술이전'이라고 한다. 기술이전도 어떻게 보면 기업에서 대학이 보유한 기술의 가치를 보고 사업에 도움이 될 것이라는 판단하에 대학에 비용을 지불하고 미래 가치에 대해 투자하는 것과 비슷한 개념이다.

대학의 특허, 노하우 기술들은 대부분 상용화보다는 연구를 목적으로 나온 결과물이 많기 때문에 마치 원석과 같다. 원석을 누가 어떻게 가공하냐에 따라 다이아몬드가 될 수도 있고 그냥 돌이 될 수도 있다. 그래서 기업이 대학의 기술을 도입하고자 할 때는 산학협력단의 역할이 더 중요하다.

또한 대학이 보유한 기술이 기업이 찾고자 하는 기술이 맞다 하더라도, 그 기술이 기업으로 이전된 이후가 더 중요하기 때문에 후속 사업화에 대한 지원과 관리가 필요하다.

이러한 후속 관리가 잘 되려면 대학의 산학협력단이 가지고 있는 역량과 프로그램이 상당히 중요한 역할을 한다. 정부에서도 대학의 기술이 이전되어 기업에 잘 안착할 수 있도록 관련 후속 사업화 제도를 장려하고 자금을 지원하고 있다. 그런 과정들이 잘 진행되기 위해서는 산학협력단 기술이전 담당자의 역할이 중요하며, 기업에서도 기술을 도입하기 전에 대학과 꼼꼼히 협의하여 도입 이후의 계획을 잘 세워 기술에 대한 투자가 헛되지 않도록 노력해야 한다.

산학협력단을 통한 정부 R&D 사업 추진의 장점

그러나 대학의 기술을 도입한 기업 중 많은 수가 기술을 발명한 교수와 연구자의 관계를 이어나가는 데 어려움을 호소하곤 한다. 이를 해결할 가장 좋은 방법은 산학협력단을 통해서 기업에 도입된 기술과 관련된 정부 R&D 사업을 공동으로 준비하는 것이다. 물론 사업에 선정되기 위해서는 치열한 평가와 경쟁을 거쳐야 하지만 이를 준비하는 과정에서 기술을 개발한 교수나 연구자와 긴밀한 관계를 형성할 기회를 가진다.

사업에 선정되면 도입기술에 대한 사업화 자금도 확보할 수 있고, 사업 기간도 짧게는 1년에서 길면 2년까지 지속되므로 기업에 도입한 기술을 사업화하는 과정을 함께 준비할 수도 있다.

이 같은 기술이전 이후 후속 사업화 과정은 대학의 산학협력단을 통해서 진행된다. 산학협력단이 있기 전에는 대학의 논문과 특허, 노하우, 기술들이 그저 발명자의 업적에 머물러 있었다. 하지만 지금은 그에 대한 정보를 알리고 확산하여 기업과 함께 고민하고 검토하여 사업에 적용할 수 있는 단계까지 나아가고 있다.

06 UNIVERSITY RESEARCH & DEVELOPMENT

색다른 산학협력 프로그램, 쇼미더테크

〈쇼미더머니〉라는 랩 배틀 TV 프로그램이 인기를 끌고 있다. 초창기 시즌에 나왔던 래퍼들은 이미 스타가 되어 같은 프로그램에서 심사위원을 하거나 선배로서 멘토 역할을 하곤 한다. 신기하게도 매 시즌 수많은 사람이 속출하면서 다양한 경연방식과 볼거리를 제공한다.

프로그램 진행방식은 이렇다. 기존 유명 래퍼들이 그들의 기준과 느낌으로 현장에서 직접 평가하고 심사하여 다음 단계에서 함께할 팀을 선별한다. 통과된 팀들은 까다로운 경연을 거치면서 유명 선배 래퍼들과의 매칭을 통해 합동공연도 하는 등 성장의 과정을 거친다.

기업에 알맞은 기술 전달하기

대학에서도 산학협력의 큰 숙제 중 하나가 바로 역량 있고 준비된 좋은 기업을 발굴하는 것이다. 대학뿐만 아니라 정부의 다양한 관계기관이나 민간 기술거래기관들도 좋은 기술이 좋은 기업으로 이어질 수 있도록 각자 나름의 방식으로 산학협력을 촉진하고 있다.

각 대학이 가지고 있는 기술 중에서도 핵심기술들만 분야별로 모아서 설명회, 박람회, 전시회와 같은 행사를 주최하기도 하고, 아직 공개되지 않은 기술 중에 최신 기술 트렌드에 맞는 기술을 선보이기도 한다.

하지만 일반적으로 대학의 기술들은 특허를 바탕으로 하거나 기술 자체가 연구를 목적으로 하는 경우가 많다. 그래서 기술 설명회에 참가해보면 마치 어려운 기술 내용을 잘 모르면 안 될 것 같은 묘한 분위기가 연출되기도 한다.

문제는 그런 방식의 기술 설명회나 산학협력 행사들이 오랫동안 이어져 오면서 기업들도 지레짐작으로 대학이나 정부 기관에서 안내하는 산학협력의 기회를 놓치게 된다는 것이다.

그렇다고 그나마 있던 대학의 기술들을 알릴 기회를 포기하는 것도 문제이므로 대학에서는 어떻게 해야 정말로 대학의 기술을 필요로 하는 기업에 잘 전달할 수 있을지 항상 고민하고 있다.

좋은 기업 찾기

대학의 기술을 알릴 방법의 하나로 기업이라는 수요자에 맞춰 대학이 기술을 공급하는 방식이 있다. 대학과 정부 기관에서는 오래전부터 기업에서 원하는 기술을 먼저 찾고 그에 맞는 대학의 기술을 매칭하는 방식을 생각해왔다. 산학협력에 필요한 당연한 접근법이지만 생각처럼 쉽지는 않다. 산학협력 담당자가 기업과 일일이 대면하면서 기업에 맞는 수요를 발굴하는 방법이므로 산학협력 담당자의 굳은 의지와 많은 노력이 필요하기 때문이다.

그래서 우리는 먼저 좋은 기업을 발굴하기 위한 아이디어 회의를 통해 선발방식부터 개선해보기로 했다.

평가나 심사에 필요한 서류와 준비물을 최대한 간소화하여, 시간이 돈인 스타트업이나 중소벤처기업이 경연을 준비하는 시간을 아낄 수 있도록 했다. 만약 지원한 프로그램이나 사업에서 탈락하거나, 산학협력을 진행하지 못하게 될 경우 기업이 그에 투입한 시간을 조금이라도 보상하고자 하는 목적이었다.

힘들게 사업계획서를 준비하고 정성껏 프레젠테이션을 만든 뒤 산학협력이 불발되면 거기서 오는 마음의 상처와 산학협력에 대한 반발감은 더욱 커지게 된다. 이런 문제를 작게나마 개선해보고자 색다른 산학협력 프로그램을 만들었다.

▲서강대학교에서 개최한 쇼미더테크 포스터

〈쇼미더머니〉처럼 많은 사람이 참여할 수 있도록 여러 장의 사업계획서를 받는 대신 한 페이지의 온라인 신청서를 제출하도록 했다.

사업계획서만 잘 작성되어 있다고 해서 그 기업이 차후 사업계획서대로 잘 운영될 거라는 보장은 없다. 더 확실하게 좋은 기업을 찾는 방법은 그 기업의 대표를 직접 만나는 것이다. 그래서 직접 듣고 보는 선발방식을 채택했다. 간단한 신청서 양식을 제출하면 직접 회사를 찾아가서 사무실의 분위기와 대표의 의지를 확인하고 사업 아이템에 대한 1:1 인터뷰를 진행한다. 글로 읽는 사업계획서보다 눈으로 보고 느끼는 사업현장이 더 강력하기 때문이다.

또한 참여한 모든 팀은 선발 여부와 관계없이 대학의 가족기업으로 등록하고, 선발되지 않더라도 이후 그 기업에 적합한 다른 프로그램이나 타 대학 연계 또는 맞춤형 지원 내용을 공유하는 후속 관리도 진행하기로 했다.

이처럼 대학에서도 다양한 프로그램들을 통해 기업의 입장을 한 번 더 생각하고, 산학협력의 울타리를 낮추기 위해 노력하고 있다.

· 3장 ·

기초를 튼튼하게, 혁신으로 성장시키는 R&D

01

UNIVERSITY
RESEARCH & DEVELOPMENT

왜 R&D를 해야 할까?

다양한 유형의 기업과 대표들을 만나다 보면 산학협력의 방법으로 왜 정부 R&D 사업을 제안하는지 물어보는 경우가 종종 있다.

기업에 정부 R&D 사업을 제안하는 이유는 간단하다. 대학이 기업과 협력할 수 있는 방법 중 최소의 비용으로 최대의 성과를 만들 수 있는 지원 정책이기 때문이다. 초기 스타트업이나 R&D와는 전혀 무관할 것 같은 비(非) IT·제조 기업도 산학협력을 통해 한 단계 더 도약할 기회를 얻을 수 있다.

사업의 돌파구 찾기

예전에는 중소기업 중에서도 '적합업종(대기업의 무분별한 진출로 인해 중소기업이 경영 악화 등을 겪게 되는 경우 사회적인 합의를 통해 경쟁력을 확보할 기회를 제공하기 위한 제도로 두부, 세탁비누, 고추장 등 100여 개 품목이 중소기업 적합업종으로 지정되어 있다. 출처: 《시사상식사전》)'에 R&D를 유도하기 위해 정부에서 1억 원 정도의 규모로 기술개발자금을 지원하는 사업이 있었다. 그때 그 지원 사업을 준비하려고 했던 업종에는 인쇄업부터 제과제빵업까지 정말 다양한 분야가 포함되어 있었다.

중소기업 적합업종 기업의 대표들에게 대학과 함께 R&D를 해보자고 처음 제안했을 때, 생업에 종사하는 대표들 입장에서는 그저 대학에서 시간 때우러 나온 직원이 떠드는 탁상행정 이야기로 들렸을 수도 있다. 당장 직원에게 주어야 하는 월급이나 복지에 대한 고민, 좋은 재료를 저렴하게 수급해야 하는 걱정 등 사업을 운영하는 데 발생하는 현실적 문제를 해결하는 것이 더 큰 숙제이고 중대사일 테니 말이다.

하지만 그런 현실적 문제들을 해결하기 위해서는 결국 사업의 돌파구를 찾아야 한다. 그래서 대표들에게는 한없이 생소한 R&D라는 것을 제안하여 대학이라는 울타리 안으로 초대하려는 것이다.

R&D 정보에 귀 기울여라

정부에서는 매년 국가 살림 예산 중에서 꽤 높은 비중으로 R&D 예산을 책정한다. 2019년 기획재정부 공시기준으로 R&D에 배분된 예산안은 20.4조 원이다.

그중에는 대학과 연구소에서 이루어지는 연구와 실험 등을 위한 R&D 예산이 있고, 기업의 기술개발을 지원하기 위한 R&D 예산도 있다.

20조가 넘는 R&D 예산 중 일부가 열악한 상황에서도 희망을 잃지 않고 살아가는 기업을 지원하려는 목적으로 쓰인다. R&D라는 수단을 통해 이런 기업들의 돌파구를 찾을 수 있다면 대학이 작게나마 도움이 될 수 있다.

전국의 대학에는 기업과 대학의 협력을 돕고 기업이 대학에서 각종 지원을 받을 수 있도록 하는 산학협력단이라는 조직이 있고, 최근에는 중소벤처기업부에서 전국 40여 개 대학을 창업선도대학으로 지정하여 운영하고 있다. 가까운 곳에서 창업선도대학을 찾기 어렵다면 대학의 산학협력단 내에 창업보육센터(비즈니스센터)라는 곳이 있으니 참고하기 바란다.

그리고 교육부의 지원을 받아 링크(LINC, 최근에는 링크플러스(LINC+) 사업으로 확대되었다) 사업을 수행하는 대학도 산학협력을 선도하는 역할을 하고 있다. 이 사업에 선정된 대학들은 기업과 산학협력을 지원하는 프로그램들을 운영한다. 기업과 공동연구 자금 및 시작품 지원비, 자문·멘토비 등 다양한 예산들을 활용하고 있다. 이처럼 선도대학으로 지정되거나 산학협력을 지원하는 사업에 선정된 대학을 찾아가면 기업의 필요나 목적에 따라 차별화된 지원을 받을 수 있다.

요즘에는 한 대학을 통해 여러 대학을 만날 수도 있기 때문에 꼭 한 대학과 협력을 할 필요도 없다. 다만 어느 대학에서 이미 지원과 협력을 받았다면 동일한 R&D 주제로 다른 대학에서 다시 지원을 받을 수는 없다. 추후 정부에서 중복성 검토를 통해 불이익을 받으므로, 혹시라도 그런 위험을 감수하는 일은 없기 바란다.

02 UNIVERSITY RESEARCH & DEVELOPMENT

작은 생각의 변화가 큰 차이를 만든다

R&D라는 단어가 가지고 있는 거창함과 높은 장벽을 허물기 위해 여러 가지 방법을 고민해보았다. 그때 동료가 이런 아이디어를 줬다.

"R&D와 가장 멀리 있을 것 같은 기업들과 R&D 사업을 같이 해보면 어떨까요?"

이런 식으로 가끔 동료들이 던져주는 아이디어가 묵직하게 다가올 때가 있다. 그때부터 그 아이디어에 착안해 주변에서 평범하게 일하고 있는 분들을 주의 깊게 보기 시작했다.

인쇄 · 디자인 기업도 R&D로 혁신을 시작하다

그 첫 번째 주인공은 인쇄·디자인 기업을 운영하는 개인사업자 김 이사다.

한번은 명함이 다 떨어져서 인쇄회사에 연락해 명함을 새로 받을 일이 있었다. 평소 같았으면 명함만 받고 말았을 텐데, 그날은 문득 동료가 제안했던 'R&D와 멀리 있을 것 같은 기업'이 머리를 스쳤고, 마침 시간이 허락되어 잠깐 차 한잔하자며 김 이사와 이야기를 나누게 되었다.

"이사님, 정부에서 지원하는 R&D 사업이라는 게 있어요. 창의적인 아이디어를 기반으로 기술개발을 지원하는 정부 지원 정책입니다"라고, 정부 R&D 사업 내용을 하나하나 설명했다. 김 이사는 의외로 주의 깊게 이야기를 들었다. 평소 대학에 인쇄물을 자주 공급했던 경험이 있어서 그런지 대학과의 협력에 관심도 꽤 높은 듯했다.

하지만 문제는 '과연 인쇄업만 오래 해왔던 작은 회사가 기술개발을 필요로 하는 지원을 받을 수 있느냐' 하는 것이었다.

일단 R&D 주제는 사업하면서 평소에 일상적으로 느끼는 문제점에서 나온다는 원칙에서 출발을 해보았다.

"이사님은 그동안 사업을 하면서 제일 큰 문제가 뭐였나요?"

"누구나 다 그렇지만 사업하면서 제일 큰 걱정은 돈이죠, 뭐.

꼬박꼬박 나가는 사무실 임대료, 직원 월급이랑 미수금 못 받을 때 등등……."

"그렇죠. 하지만 이사님의 개인적인 걱정거리 말고, 일할 때 나타나는 문제나 고민 말이에요. 인쇄업을 오래 하셨으니까 인쇄나 디자인 일에서만 나타날 수 있는 고질적인 문제나 해결했으면 하는 업무적 특성 같은 것 말이죠."

그러던 중 마침 김 이사가 걸려온 전화를 받았다. 그런데 "네네, 맞는데요. 무슨 말씀이세요! 마음대로 하세요!"라며 다소 언짢은 목소리로 통화를 끊는 것이었다.

무슨 일인지 조심스럽게 물어보자, 인쇄업을 하는 사람들은 종종 겪는 일이라며 통화 내용을 설명해주었다. 인쇄물을 만들 때 사용하는 그림이나 사진에 저작권 문제가 있어서 이를 다른 인쇄소가 악용하거나 문제 삼는 경우가 있다는 것이었다.

그때 '이거다'라는 생각이 들었다.

"이사님, 그런 문제를 해결할 방법은 없을까요?"

"단번에 해결할 수는 없겠지만, 인쇄물 디자인에 그림이나 사진을 사용할 때 저작권 문제는 없는지 최소한 한 번은 확인할 수 있는 수단이 있으면 좋겠다는 생각을 해본 적은 있어요. 뭐 완전히 해결되지는 않겠지만 그런 방법이 있으면 조금씩 개선될 수 있지 않겠어요?"

그렇게 첫 미팅에서 생각지도 못한 R&D 주제를 찾게 되었다.

인쇄 · 디자인 기업과의 연구자 매칭

다음 단계는 문제를 해결할 수 있는 교수를 찾는 일이었다.

아이디어의 핵심은 인쇄물이나 디자인에 사용되는 이미지를 쉽게 검색할 수 있는 플랫폼을 만들어서 초기에 저작권을 보호할 수 있는 수단이 필요하다는 것이었다. 비슷한 예로 '해피캠퍼스(각종 리포트, 자기소개서 등을 제공하는 서비스)'가 떠올랐다. 일반인도 리포트나 자료들을 올리고, 다른 사람이 만든 자료를 쓰고 싶으면 비용을 내고 거래할 수 있게 해서 만든이의 저작권을 보호하는 플랫폼이었다.

김 이사가 구상한 플랫폼을 구현하기 위해서는 이미지를 단어가 아닌 이미지로 검색하는 기술이 필요했다. 산학협력단에서 공과대학 교수 연구정보를 찾아보니 '효과적인 이미지 브라우징을 위한 인덱싱 방법'이라는 논문에서 그 해답을 찾을 수 있었다. 바로 관련 교수에게 연락을 취해서 내용을 전달했고, 교수 측에서도 관심을 보였다.

미팅에서 사업 내용을 설명하자, 교수는 즉석에서 내용을 이해하고 본인이 개발한 '이미지 검색 엔진'을 직접 보여주었다.

R&D를 통한 사업영역의 전환

그렇게 2014년 작은 생각의 변화로부터 시작한 인쇄·디자인 기업과의 R&D는 2015년 적합업종 지원사업에 선정되어 초기 개발자금을 확보할 수 있었고, 2016년도에는 기업부설연구소지원 사업까지 선정되어 2억 원에 가까운 사업비를 지원받을 수 있었다. R&D와는 거리가 한참이나 멀어 보이던 인쇄·디자인 회사가 명실상부한 R&D 기업으로 거듭나게 된 것이다.

이렇게 치열한 경쟁 속에서 사업에 대해 좋은 평가를 받고 선정될 수 있었던 것은 교수의 전폭적인 지원과 개인사업자임에도 큰 꿈을 가지고 정부 R&D 사업을 위해 전담인력까지 새롭게 충원했던 김 이사의 의지 덕분이었다.

이전에는 인쇄나 디자인만 하는 기업이었지만, 지금은 R&D 사업을 통해 사업영역이 새롭게 바뀌고 있다고 한다. 당장 매출이 급격하게 오르지는 않았지만, 재정 상태가 안정되어 현재는 법인으로 전환을 준비 중이고, 사무실도 크고 좋은 곳으로 이전했다는 소식을 전해 들었다.

03 UNIVERSITY RESEARCH & DEVELOPMENT

제품이 아니라 새로운 가치를 팔다

"이번이 마지막입니다."

경기도 용인에 있는 작은 빵집의 매니저인 문 실장과 알게 된 지 3년이 되던 해이다. 처음부터 제과점과 대학이 공동으로 어떤 것을 개발할 수 있을지 예측하고 시작한 건 아니다. 문 실장과는 가벼운 농담을 하는 기분으로 산학협력을 시작했다. 문 실장은 유명한 국내 프랜차이즈를 성공시킨 뒤 몇 년 동안 다양한 사업을 시도했다가 여러 번 실패를 겪고 현재의 제과점 매니저 역할을 담당하게 되었다.

"이번이 마지막이라뇨, 안되면 될 때까지 해야죠!"

하지만 문 실장은 아직은 젊고 다시 시작할 수 있는 열정이 살아있었다. 큰 프랜차이즈 사업을 운영했던 경험을 바탕으로 작은 제과점의 여러 일을 도맡아 하면서 제과점 대표의 신임을 얻어가는 모습도 보기 좋았다.

제과점도 R&D로 혁신을 시작하다

처음에는 어떤 기술과 연구자를 매칭해야 할지 도무지 감이 잡히지 않았다. 문 실장도 이전에 요식업을 했었지만 대학과 함께 아이템을 개발하고 사업을 진행한다는 것은 처음이었기에 제과점에 필요한 개발 주제를 잡기가 여간 어려운 것이 아니었다. 그래서 쉬운 것부터 하나하나 시작해보기로 했다.

첫 번째로 제과업에 필요한 비즈니스 모델을 검토해보는 사업성 분석을 해보기로 했다. 먼저 경영학을 전공하는 교수 중 요식업 시장 마케팅을 분석한 논문과 프로젝트 자료가 있는 분을 찾았다. 이를 토대로 제과업에 필요한 비즈니스 모델을 설계하고 경영 효율성을 분석하기 위한 연구를 해보았다. 이 연구들은 정작 당시에는 큰 도움이 되지 못했지만 이후 사업에 많은 참고가 되었다고 한다.

이후로도 문 실장은 수시로 전화를 걸어 나에게 큰 그림을 보여주면서 이런 말을 했다.

"저는 여기 대표님과 이 제과점을 큰 비즈니스로 만들려고 생각하고 있습니다. 아직은 그림만 있지만 이 제과점은 빵만 파는 게 아니라 그 이상의 가치를 팔 겁니다."

대학과 대학의 협력

두 번째는 마침 산학협력중점교수(오랜 산업체 경력자로 산학협력을 통한 교육, 연구, 창업, 취업 지원 활동을 중점 추진하고, 대학 내에서 산학협력을 전문적으로 지원하는 교수) 중에서 제과점을 실제 운영했던 경험이 있는 분을 알게 되어, 그분을 통해 새로운 대학과 함께할 수 있는 산학협력 R&D 주제를 찾아보기로 했다.

당시 한참 리코타 치즈가 카페나 음식점 사이에서 유행하며 다양한 샐러드에 쓰일 때였다. 거기에 착안해서 제과점에서 리코타 치즈를 직접 만들어보기로 방향을 잡았다. 하지만 R&D 주제로는 다소 빈약한 부분이 있었기에, 대학의 '시작품 제작 지원 프로그램'을 통해 연구개발비를 지원받게 되었다.

그러나 두 번째 교수도 제과점을 경영했던 경험만 있었지 리코타 치즈나 식자재를 직접 만들어 본 경험은 없었기 때문에 시작품으로 만들려고 했던 '리코타 치즈 생성 장치'는 다른 연구자를 찾아야 하는 상황이었다.

동료에게 이런 고민을 상담하자, 새로운 아이디어를 얻을 수 있었다.

"우리 대학에 그런 분야를 연구하는 교수님이 없다고 고민하지 말고 다른 대학도 찾아보세요."

그렇다. 그 기업이 꼭 내가 있는 대학과만 협력할 필요는 없다. 물론 그렇게 되면 그 기업의 성과가 내가 속한 대학의 성과로 연결되지는 않겠지만, 산학협력의 본질은 대학의 성과를 만드는 것이 아니라, 기업에 이익이 되는 일을 하는 것이다. 진짜 성과를 만드는 것이기에 주저할 필요가 없었다.

그렇게 동료들의 도움으로 타 대학에서 관련 연구자를 찾아 개발에 도움을 받아 관련 특허까지 낼 수 있게 되었다.

하지만 이 장치 역시 실제 사업용으로 쓰기에는 시작품 수준에서 해결해야 할 문제가 많았다. 또 소규모 제과점에서 추가로 기술개발자금을 감당하기에는 여건이 부족했다. 그렇게 두 번째 산학협력도 큰 성과를 내지 못하고 심사숙고하고 있을 때였다.

새로운 가치를 파는 아이디어

세 번째 도전을 위해 퇴근하자마자 용인으로 방문해서 대표와 함께 미팅을 진행했다.

"대표님, 꼭 IT 기업이나 기술이 있는 벤처기업들만 R&D를 하라는 법은 없습니다. 전에는 중기청(현 중소벤처기업부)에서 중소기업 적합업종에 1억 원의 기술개발자금을 지원하는 사업이 있었어요. 그 말은 제과점도 R&D를 할 수 있고, 정부에서도 그런 것을 원하고 있다는 뜻입니다. 그러니까 제과점이라고 안된다는 편견을 버리시기 바랍니다."

그렇게 꼬박 3시간의 미팅을 통해 설득하자, 대표는 평소에 생각했던 사업 아이디어 보따리를 마음껏 풀어놓았다. (영업비밀 때문에) 구체적인 아이디어 내용을 다 설명할 수는 없지만, 그 아이디어들은 문 실장이 처음 꿈꾸었던 '제과점에서 빵만 파는 게 아니라 새로운 가치를 팔 수 있는 아이디어'로 충분했다.

또한 그 아이디어에 적합한 교수도 금방 찾을 수 있었고, 교수도 이번에 도입한 실험 장비를 테스트할 좋은 기회라며 흔쾌히 임했다.

그렇게 새롭게 만들어진 R&D 주제는 산학협력 가능성도 높았고, 다음 해에 있을 중소벤처기업부 지원 R&D 사업에 도전하기에 충분했다.

부디 이 책이 출간됐을 때는 좋은 결과가 나와서 제과점도 대학과 산학협력을 통해 R&D라는 것도 할 수 있고, 사업에도 도움이 된다는 것을 공유할 수 있는 시간이 오기를 바라본다.

04 UNIVERSITY RESEARCH & DEVELOPMENT

사회적 문제를 창업의 또 다른 기회로

"그럼요, 되고 말고요."

망설이며 이야기를 꺼내는 그분의 눈에는 간절함이 있었다. 나는 전업주부이자 경력단절 여성이었던 예비 창업자의 조심스러운 질문에 강한 긍정의 메시지를 주고 싶었다.

"저는 대학을 졸업하자마자 학원에서 논술과 국어를 가르쳤어요."

그녀는 얼마 전까지만 해도 강남의 대형 학원에서 중고등학생 논술을 가르치며 꽤 유명했던 강사였다고 한다. 그런데 결혼을 하고 아이를 키우는 주부가 되면서 자연스럽게 경력이 단절되었고, 시간이 지나 가정이 자리가 잡히면서 다시 일을 시작하려 한다는 것이다.

이런 경력단절 여성이 점차 많아지고 정부에서도 조금씩은 관심을 보이고 있지만, 그런 수요를 모두 만족시킬 수 있는 일자리나 제도가 부족한 건 사실이다. 경력이 단절되었다면 다시 연결하는 방법이 가장 좋을 테지만, 다시 예전처럼 학원에서 늦게까지 일할 수 없는 시간적 제약 때문에 창업을 결심했다고 한다.

초기에는 이름 있는 민영 교육사업체의 지점방식으로 공부방을 해보았지만, 이 또한 집에서 공부방처럼 사업을 운영하다 보니 가사와 일이 분리가 안 되는 문제가 생겼다. 또 교육사업체의 정해진 교육 프로그램을 따라야 했는데, 경험과 노하우가 풍부한 예비 창업자에게는 이런 경직된 시스템이 역량을 감퇴시키는 역효과를 가져오는 경우도 있다. 그 외에도 건강상의 문제가 겹치면서 공부방을 접게 되었고, 이런 상황을 극복하면서 사업을 할 방법을 찾고 싶어 했다.

착한 사업 아이템?

산학협력단에서는 이런 상황에 적합한 비즈니스 방식이 플랫폼 형태라고 판단했다. 수요와 공급이 일정하게 제공되어 서비스가 자동적으로 움직일 수 있는 플랫폼이 만들어지기만 하면 특별히 추가되는 노동력 없이 사업이 운영되면서 수익을 만들어내는 방식으로 초기 창업 기반을 마련할 수 있었다.

그럼 무엇을 위한 플랫폼이어야 할까? 이것은 창업자의 고민과 삶 속에서 끌어내야 한다. 주부이지만 오랫동안 논술과 국어를 가르친 경험이 풍부했기 때문에 이를 활용할 수 있는 아이디어에 집중했다.

그러던 중 주변에 외국에서 이주한 다문화 가정의 엄마들이 아이들에게 한글을 잘 가르칠 수 없고, 그런 이유로 다문화 가정 어린이들이 한글을 늦게 깨우친다는 것을 알게 되었다.

다문화 가정이 점차 늘어나면서 정부의 관심과 지원이 많아지기는 했지만, 동네 문화센터와 공공기관에서 하는 프로그램은 시간적, 공간적인 제약 등으로 해당 서비스를 필요로 하는 사람 모두에게 지원되지 못하고 있다는 한계가 있었다.

예비 창업자는 이 아이디어에 착안하여 사업 아이템을 구상하게 되었다. 외국에서 이주한 여성들과 다문화 가정 부모들이 한글을 쉽게 배우고 익혀서 자신의 자녀들에게 한글을 가르치는 데 문제가 없도록 하는 서비스를 제공한다는 아이디어였다.

본인의 경력을 살리면서도 아이를 키우는 부모의 관점에서 도움이 될 수 있는 서비스를 찾게 된 것이다. 특히 해외 이주 여성들은 육아와 동시에 일도 해야 하는 어려운 상황이라, 일하는 중간이나 이동 중에도 쉽게 한글을 익힐 수 있게 하는 편의성이 중요했다.

또 해외 이주민들이 대부분 한국에서 오랫동안 생활을 하면서 듣기와 말하기는 곧잘 하지만 맞춤법이나 문법 같은 '쓰기 영역'에 문제가 있다는 점에 주목했다.

그래서 해외 이주민에 적합한 수준의 한글 교육법과 동시에 그들의 자녀들에게도 한글을 올바르게 가르칠 수 있는 교육법이 병행되면 좋겠다는 아이디어를 도출할 수 있었다.

그것을 앱과 웹사이트 형태로 만들기로 했고, 정부에서 지원하는 R&D 사업의 도움을 받아서 창업과 동시에 신청을 준비했다.

엄마의 마음이 담긴 창업 아이템

이 서비스는 비즈니스 모델 측면에서는 다른 교육용 앱과 다른 점이 없었다. 하지만 예비 창업자의 경험과 노하우, 그리고 무엇보다도 '엄마의 마음'이 담겨 있다는 점이 다른 앱과 크게 차별화되는 요소였다.

다문화 가정 아이들은 유난히 한글을 습득하는 속도가 느리다. 그러다 보니 다른 아이들과 더욱 어울리기 힘든 상황을 똑같은 엄마의 마음과 눈으로 바라본 것이다.

한글 교육서비스와 앱들은 많지만 해외 이주민들을 위해 그들의 관점과 말로 쉽게 풀어서 설명하는 서비스는 부족하다고 한다. 각 국가 말로 한글을 설명해야 하고 어른을 위한 기초 한글 교육 서비스를 만들어야 하기 때문이다.

예비 창업자에게는 그동안 해왔던 것처럼 한국 사람에게 한글을 가르치는 것이 훨씬 쉽고 편할 수 있다. 하지만 사회적 문제를 자신의 경험과 경력으로 풀어보려 한다는 점에서 이 창업 아이템은 사회적 기업으로서의 의미도 가지게 되었다.

기업에 주는 프리미엄 서비스

사업계획서 준비가 잘 진행되어 가던 중 또 다른 걱정이 예비 창업자의 발목을 잡았다. 몇 년 동안 강의에서 손을 떼고 주부로만 지내다 보니 발표 평가에 대한 울렁증을 극복하기가 쉽지 않다는 점이었다.

서강대학교 산학협력단은 창업자, 기업 대표들의 대면 평가에 대한 두려움과 문제점을 보완하기 위해 2013년부터 '기업 프리미엄 서비스'라는 것을 만들어, 정부 R&D 사업의 1차 서류 심사에 통과한 팀들을 대상으로 모의평가를 실시하고 있었다. 모의평가는 실제 평가처럼 시간과 평가장 분위기를 조성하여 한 번에 좋은 결과를 얻을 수 있도록 돕는다. 발표자료의 목차 구성부터 기업 대표자의 발표 기술을 다듬는 것까지 최종 선정을 목적으로 하는 지원 서비스다. 단순히 발표 기술만 코치하는 것이 아니라 발표자료의 내용과 예상 질의응답까지 지도하여, 사업 선정률이 '기업 프리미엄 서비스'를 실시하기 전보다 50% 이상 향상되었다.

예비 창업자에게도 이 서비스를 설명했고, 다른 팀에서 이 서비스를 받을 때 참관하게 하여 자신감을 키울 수 있도록 했다.

일반적으로 다음 해 정부 R&D 사업을 신청하기 위해 창업팀들은 1년 전부터 준비를 한다. 1년간 성실하게 준비했는데 사소한 실수로 기회를 놓치지 않도록 대학에서 집중 서비스를 제공하는 것이다. 이처럼 대학에서는 자금 지원 프로그램 외에도 기업을 위해 다양한 서비스를 제공하기도 하니, 사전에 산학협력단 담당자에게 문의해보는 것이 좋다.

이렇게 경력이 단절된 여성으로부터 시작된 고민이 우리 사회의 소외된 다문화 가정 아이들의 교육 문제를 함께 고민하고 해결하려는 노력의 첫걸음이 되었다.

실제로 정부에서는 사회적 약자나 소외된 계층에 대한 지원을 적극적으로 넓혀가는 추세다. 대학 또한 이런 사회적 문제에 큰 관심을 두고 있다. 이런 대학과 함께 한다면 사회적 관심이 필요한 문제도 하나씩 풀어갈 수 있을 것이다.

05 UNIVERSITY RESEARCH & DEVELOPMENT

정부 R&D 사업은 삼세판

"요즘 카페에 가면 어디에나 있는 진동벨이 저희 회사의 주력 아이템입니다."

"차별점은요? 진동벨 시장은 이미 기존 회사가 거의 독점한 것으로 알고 있는데……."

"네, 맞습니다. 그렇지만 저희는 새로운 콘셉트로 접근해서 진동벨에 기능을 추가해 지금 많이 사용하는 진동벨의 대체 제품으로 공략하려고 합니다."

진동벨에 새로운 기능을 추가한다고 해도 소비자가 얼마나 매력을 느낄까, 하는 생각이 들었다. 하지만 대표가 들고 온 진동벨 시작품을 직접 보고 나니 생각이 조금씩 바뀌기 시작했다.

이 진동벨은 디스플레이 화면이 있고, 손님이 기다리는 동안 스마트폰을 충전할 수도 있었다. 재미있는 광고영상을 내보내거나 심지어는 게임도 할 수 있게 하는 것이 이 진동벨의 특징이었다. 이미 대형 카페 프랜차이즈에도 납품할 예정이라며 대표가 열정적으로 설명했다.

대학과 함께하는 산학연협력 기술개발사업

대기업에서 오랫동안 일한 경험을 바탕으로 창업한 대표는 정부 R&D 사업에 대해서는 어느 정도 알고 있었지만, 대학과 함께하는 사업(산학연협력 기술개발사업)에 대해서는 정보가 없었다. 그래서 중소벤처기업부의 산학협력 기술개발사업 위주로 꼼꼼히 설명했다.

"대학과 함께 신청하는 사업들이 많지는 않지만 경쟁력이 있습니다. 그리고 기업에서는 개발할 수 없는 것들을 대학 교수님과 공동으로 개발하는 데도 의미가 있고요."

대표는 산학협력단의 설명을 듣고 처음에 준비하려던 2억 원 규모의 회사 단독 사업을 보류하고 대학과 함께 신청하는 1억 원 규모의 사업에 도전해보겠다고 의사를 밝혔다.

그 뒤에는 역으로 대표가 적극적으로 나서서 사업과 관련된 교수를 몇 명 지정했고, 그중에서 매칭이 가능한 교수를 선별하면서 사업 신청 주제도 새롭게 도출되었다.

"진동벨을 앱과 연동해서 소비자들이 정보를 주고받을 수 있게 하면 훨씬 좋을 것 같아요. 전부터 그런 생각은 했었는데, 이번에 그 내용으로 R&D 사업 주제를 잡으면 딱일 것 같습니다."

이번에 매칭된 교수는 예전에 창업 경험이 있었던 분이라 사업계획서도 꼼꼼히 봐주고 여러 아이디어를 제시해주기도 해서 나름 궁합이 잘 맞았다.

정부 R&D 사업을 향한 두 번째 도전

그런데 뭐가 문제였을까.

사업계획서도 꽤 완성도가 높았고, 발표 모의평가를 했을 때도 차분하고 조리 있게 발표를 잘했는데, 최종 결과에서 '추천대상(심의조정위원회에서 선정 여부를 최종 결정하는 단계로, 간혹 선정되지 않을 수 있다)'으로 올라갔다가 안타깝게 탈락을 하고 말았다. 우린 곧바로 재도전을 준비했다.

그렇게 3개월의 추가 준비과정을 거쳐 재신청을 하게 되었다. 다행히 1단계 서류 심사를 무사히 통과하고 2단계 발표 평가도 그전의 지적사항을 보완하여 잘 마칠 수 있었다. 며칠 뒤 메일을 전달받았다.

'지난 1차 때 대면 평가 결과도 '추천대상'이었으나, 심의조정위원회를 거치면서 '탈락'되었던 아픈 기억이 있는바, 최종 선정 결과가 나올 때까지 기다리겠습니다. 그럼 최종 선정 결과가 나오는 대로 또 연락드리겠습니다.'

이렇게 산학협력단과 매칭 교수에게 메일을 보낸 것이 2016년 마지막 소식이었다.

그렇게 1년 동안 두 번의 안타까운 탈락에 다소 의기소침해진 상황에서 2017년에 다시 한 번 도전을 제안하려고 생각하던 차에 먼저 이메일 한 통이 왔다.

'과장님, 안녕하세요? 그동안 잘 지내셨는지요? 다름이 아니라, 이번에 중소기업청에서 작년 창업 성장 기술개발사업에 미선정되었던 과제에 다시 기회를 주는 사업이 공지되었습니다. 패자부활전에 참가하는 마음으로 한 번 더 도전하려고 합니다. 교수님께도 협조요청을 부탁드립니다.'

시행착오를 통한 사업계획 강화

세 번째 도전에서는 와신상담하여 다음과 같은 사항을 재검토했다.

① 기술개발 개요 및 필요성
② 기술개발의 목표
③ 기술개발 방법
④ 사업화 계획

위의 각 항목을 재검토하고 사물인터넷(IoT)을 기반으로 한 개인 맞춤형 서비스를 통해 '사물인터넷 시대에 필요한 디지털 사이니지 기술개발'이라는 비전과 목표를 세웠다.

그렇게 2017년 1월부터 준비를 시작하여 꼬박 6개월이 되던 6월 1일 아침.

드디어 '최종 선정'되었다는 소식을 전달받았다. 즉시 대표에게 전화를 걸어 상기된 목소리로 축하 메시지를 전했다.

무엇이 기업으로 하여금 이렇게 오랜 시간을 투자하게 하는 것일까. 정부 사업에 선정된다고 해서 기업의 매출이 급격히 오르지는 않는다. 갑자기 사업이 잘되지도 않는다. 그러나 대학과의 산합협력을 통해 기술을 확보하면 기업은 미래를 위한 준비를 할 수 있다.

하루하루 회사를 어렵게 운영하며 당장 내일을 걱정하는 기업에게 '혁신'은 그저 이상적인 단어일지 모른다. 하지만 그 와중에도 정부와 대학의 힘을 빌려서 미래를 준비하는 기업도 있다. 혁신은 기업의 미래를 위해 현재의 사업을 계속하면서 장래 사업 아이템에 대한 R&D를 병행하려는 대표의 의지에서 나온다. 의지가 충분하다면 당신의 기업에도 얼마든지 혁신의 기회는 있다.

Tip 대학과 R&D 사업비 나누기

정부 R&D 사업 중 중소벤처기업부의 산학연협력 기술개발사업에 선정되면, 사업계획에 따라 통상 1년 동안 1억 원의 사업비를 기업과 회사가 사전에 협의한 비율로 사용하게 된다. 신청하는 사업 규모에 따라 2년 동안 최대 2억 원까지 지원되는 사업도 있다.

사업비를 분배할 때 정해진 비율은 없지만 통상 주관기관인 기업에서 60~70%를 사용하고, 대학에서 30~40%를 연구비로 사용한다. 상세한 비율은 연구개발 내용에 따라 더 줄어들거나 늘어날 수 있다.

또한 대학에서 사용하는 연구비는 주로 연구개발 시 투입되는 연구실 학생들의 인건비로 사용되므로 실제로 교수가 사용할 수 있는 돈은 생각보다 많지 않다. 이점을 참고하여 산학협력 담당자가 입회한 장소에서 협의를 통해 사업비를 조율하는 것이 바람직하다.

06 UNIVERSITY RESEARCH & DEVELOPMENT

기업과 대학이 만나야 무슨 일이 생긴다

앞서 이야기한 <쇼미더테크>라는 산학협력 프로그램을 통해서 다양한 스타트업과 중소벤처기업을 만날 수 있었다. 이제 막 창업을 시작해서 아이디어 단계에 있는 사업 아이템의 타당성을 검증하기 위해 대학의 협력을 필요로 하는 기업부터, 아이디어 검증을 이미 완료하여 기술개발을 진행 중인 기업, 기술개발을 완료하여 시작품·시제품을 만들려고 준비 중인 기업까지. 책에서 분류하는 창업의 단계와 달리 실제로는 제품의 종류와 서비스 방식, 사업의 목적 등에 따라 정형화할 수 없을 만큼 다양하고 개성 있는 기업이 많았다.

창업팀들도 마치 사람과 같다. 비슷한 사람은 있어도 똑같은 사람은 없듯이, 기업도 비슷한 사업을 하는 기업들은 많지만 정작 그 안을 들여다보면 운영방식, 직원들의 성향, 대표의 의지 등은 같을 수가 없다.

산학협력의 역할

쇼미더테크에서 만난 스타트업 중에는 의외로 대기업 출신의 대표들이 꽤 많았다. 창업은 처음이지만 오랫동안 대기업에서 많은 경험을 하고 조직적인 사회생활을 몸에 체득하여 일반적인 스타트업과는 다른 강력한 무기를 가지고 있다는 느낌이었다.

대표적인 예로, 삼성전자에서 14년 동안 종사하고 창업을 결심한 기업 대표가 보여준 사업 아이템은 수면장애를 개선하기 위한 '스마트 코골이 방지 베개'였다. 아직은 개발 중이지만 대표의 오랜 고민이 묻어 있는 아이템이었다.

쇼미더테크를 비롯한 산학협력 과정에서는 아이템의 가치를 판단하거나 제품의 시장성을 말하지 않는다. 기업이 자체 기술만으로는 해결할 수 없는 제품의 부족한 부분을 대학의 기술로 메꿔주거나 협력방안을 찾는 것이 산학협력의 역할이기 때문이다.

제품의 완성도와 가치를 판단하는 것은 고객과 시장의 역할이기 때문에 결정적인 솔루션을 찾아주지 못한다면 불필요한 잔소리는 집어치우는 게 낫다. 대학은 대표의 결정을 믿고 기업에 부족한 기술을 대학의 기술로 보완하려는 고민에 집중하는 게 좋다.

대학과 대학, 대학과 서포터즈의 협력

특히 이번 쇼미더테크라는 기업 현장 밀착 방식의 산학협력 프로그램에서는 여러 다른 대학의 산학협력 담당자와 전문 변리사 및 컨설턴트 등 다양한 관계자가 한 기업을 만나기 위해 이틀 동안 아침부터 저녁까지 시간을 내어 도움을 주었다.

좁은 사무실에 옹기종기 모여 앉아 대표 한 사람 한 사람의 말을 주의 깊게 들으며 이 대학 저 대학 담당자들이 "우리 대학에는 이런 교수님이 그 분야를 오랫동안 연구해서 도움을 드릴 수 있을 것 같습니다"라고 하며 십시일반 서로 도와가며 기업과의 산학협력 주제들을 찾았다.

시간을 쪼개서 기업의 현장을 직접 방문하고 그들의 고민과 애로사항을 듣는 일이 쉽지는 않다. 처음 산학협력을 시작했을 때는 생전 처음 보는 기업의 대표와 무슨 이야기를 어떻게 시작할지도 몰랐다. 지금은 내가 그분의 이야기를 들어주지 않으면, 또 대학이 기업에 도움을 주지 않으면 안 된다는 사명감 같은 것이 나를 움직이고 있다.

조금 더 많은 기업이 대학과 눈을 마주치고 만날 수 있는 시간이 많아지기를 바란다. 산학협력이 기업과 대학의 만남으로부터 시작한다는 기본에 충실한다면 그 해답을 빨리 찾을 수 있을 것이다.

· 4장 ·

대학의 지원 프로그램을 활용한 사업의 확장

01 UNIVERSITY RESEARCH & DEVELOPMENT

대학의 기술, 자금, 공간 활용하기

창업 초기의 스타트업이나 도약이 필요한 중소벤처기업에 있어서 대학에서 지원하는 기술이나 자금, 인력, 공간 등이 기초를 다지는 기회이자 발판이 된다. 혹여 기업이 대학 내에 입주해있지 않더라도 외부에서 항상 관심 있는 대학을 모니터링할 필요가 있다.

산학협력단 담당자 이용하기

가장 좋은 방법은 대학의 산학협력 담당자(그중에서도 기술이전 전담

조직, TLO)를 통해서 창업 아이템과 비즈니스 모델을 공유하고, 함께 기술개발을 할 수 있는 산학협력 파트너 교수를 찾는 것이다. 그리고 기업과 대학, 연구자(교수)의 삼각관계를 조화롭게 만들기 위해서는 중간에서 이를 조율하고 매칭하는 담당자의 역할이 중요하다.

물론 담당자는 대학에 속해 있는 산학협력단이라는 부서의 직원이지만, 대학과 연구자, 그리고 기업 각각의 입장을 고려하여 가장 바람직한 결과를 이끌어내야 하는 역할을 해야 하기 때문에 한쪽으로 치우친 판단을 내려서는 안 된다.

그러므로 대학의 산학협력 담당자에게는 오랜 경험과 노하우가 필요하며, 기업에서 필요로 하는 부분이 무엇인지를 잘 파악하고 그에 맞는 지원과 협력방안을 찾는 과정이 중요하다. 그리고 이런 담당자에게 있어 스스로 대학을 찾고 적극적으로 도움을 요청하는 기업들은 아주 고마운 존재이다.

한 스타트업 대표는 처음 만났을 당시에는 대학과 기술적으로는 협력 가능성이 전혀 없었다. 그런데 이 대표는 산학협력에 대한 강한 의지와 남다른 친화력으로 여러 번 대학 문을 노크했고, 그 의지와 열정이 그 회사의 가치를 높였다.

지금은 교수들이 역으로 그 기업과 같이할 수 있는 R&D 주제와 사업 아이디어를 구상해줄 정도다. 이렇듯 먼저 적극적으로 대하는 기업에는 대학도 좀 더 관심을 갖고 대하게 된다.

대학의 시작품 개발 지원 프로그램

2018년도 3월부터 전국 18개 대학에서 교육부의 지원을 받는 브릿지플러스(BRIDGE+) 사업은 초기 스타트업 또는 중소벤처기업의 시작품·시제품 제작을 도울 수 있는 프로그램(1~3천만 원)을 운영하고 있다.

이 프로그램의 도입으로 대학이 직접 기업의 사업계획을 검토하고 자금을 지원할 수 있게 되어, 대학의 연구자(교수)와 매칭이 잘 이루어지고 시작품 개발 목표가 명확하면 일반 정부 R&D 사업보다 단기간에 지원을 받을 수도 있다.

반면 정부 R&D 사업은 규모가 큰 대신 준비 기간이 길고, 평가절차도 복잡하기 때문에 각각의 지원 계획을 잘 비교 검토하는 것이 중요하다.

대학 공간 활용하기

대학에는 창업보육센터나 사업화 지원공간인 산학관 등 기업이 직접 대학에 들어와서 대학의 장비나 실험을 자유롭게 공유하며 사업할 수 있는 공간들이 있다. 그중에는 임대료를 납부하고 대학에 입주하는 경우도 있지만, 최근에는 기업부설연구소처럼 기업과 대학이 함께 연구할 수 있는 조인트랩(Joint-Lab) 같은 공동 연구 공간도 점차 늘어나고 있다.

대학 내에 입주한 기업이 사업을 수행하면서 해당 대학으로부터 회사에 필요한 기술을 공급받거나 그 대학과 산학협력을 진행하면 가장 좋겠지만, 간혹 소속된 대학이 아닌 타 대학과 산학협력을 모색하는 경우도 있다.

"저는 ○○대학교에 입주기업으로 있는 회사입니다. 3D 관련 특허를 찾고 있는데, 협력이 가능할까요?"

한 기업으로부터 온 연락을 받고 처음엔 의아했다. 기업이 입주해 있다는 ○○대학교는 우리 대학보다 규모도 크고 기술과 특허를 많이 보유한 것으로 알려진 곳이었다.

"물론 협력 가능합니다. 그런데 지금 계신 대학에도 문의를 해 보셨나요?"

"네, 문의해보았습니다. 그런데 여러 가지 이유로 협력이 쉽지 않아서 다른 대학을 찾다가 연락을 드리게 되었습니다."

물리적으로 대학에 입주하고 있다는 이유로 반드시 그 대학하고만 산학협력이나 기술이전, 공동 연구 등을 해야 할 필요는 없다. 물론 기업이 입주해있는 대학을 우선적으로 고려하여 산학협력을 제안하고 그 대학의 지원 사업을 검토해보는 것이 여러모로 유리할 수는 있다. 하지만 앞서 언급한 기업처럼 상황에 따라 다른 대학과의 산학협력도 얼마든지 가능하다.

그 밖에도 기업이 대학 안에 상주하게 되면 일단 삭막한 빌딩 숲보다는 근무환경이 좋다고들 한다. 무엇보다 대학 내에 있으면 대학이 가지고 있는 자원(기술, 자금, 인력, 공간 등)을 외부의 기업보다 빠르게 접할 수 있다는 큰 장점이 있다. 만약 대학에 입주해있지 않은 기업이라면 관심을 두고 있는 대학 내 홈페이지나 공고문을 주의 깊게 살펴보기를 권한다.

Tip 창업 공간 정보

대학마다 기준이 다르므로 함께하고 싶은 대학이 있을 때는 사전에 조사를 통해 대학 산학협력단 담당자와 함께 연구자 미팅을 1회 이상 진행해보는 것이 좋다. 사업을 위한 공간이 필요하여 대학을 선택한 경우에는 공간 지원과 더불어 추가로 기업에 도움이 되는 다른 프로그램이 있는지 꼼꼼히 비교해보아야 한다.

보통은 창업보육센터가 입주공간을 지원하는데, 주변 공간보다 입주비가 저렴한 편이다. 최근에는 대학 이외에도 외부에서 창업을 지원하는 공간들이 많아지고 있다.

요즘에는 1인이 창업을 시작하는 경우가 많아서 사용 시간대별로 비용을 지불하고 사용할 수 있는 개인 공간도 있고, 기업 규모에 맞는 공간들도 많다.

이런 공간들을 코워킹 스페이스(Co-working Space)라고 하는데, 서로 다른 분야의 일을 하는 사람들이 한 사무공간을 함께 사용하는 '공유 사무실'을 말한다. 다음은 최근 인기를 얻고 있는 코워킹 스페이스로, 창업 공간이 필요하다면 참고해보자.

- **위워크 / 강남 · 을지로 · 삼성 · 역삼**(아래 가격은 을지로점 기준)

  핫데스크(자유석) 월 35만 원

  전용 데스크(지정석) 월 48만 원

  프라이빗 오피스(독립 사무실) 71만 원

- **패스트 파이브 / 강남 · 역삼 · 서초 · 논현 · 삼성 · 선릉**

  핫데스크(자유석) 월 25만 원부터

  오픈 데스크(지정석) 월 35만 원부터

  프라이빗 룸(독립 사무실) 월 50만 원부터

- **굿브라더 스페이스 / 강남 · 신촌**

  일 이용권 1만 원

  월 이용권 15만 원

  플러스 이용권 월 20만 원(강남 · 신촌 모두 이용 가능)

- **아이디어 팩토리 / 강남**

  자유석 월 15만 원

  지정석 월 30만 원

  일일이용권 1만 3,900원

- **헤이 그라운드 / 성수**

  지정 좌석 월 24만~30만 원

  프라이빗 오피스 월 36만 원

  데이 패스 1만 5,000원

- **르호봇 / 서울 전지역**

  가격 별도 문의

- **팹랩 서울 / 종로**

  장비 사용료 시간당 3,000~7,000원

  팹 레지던시(장비 · 공간을 자유롭게 사용할 수 있는 서비스) 월 15만 원

- **유오워크 / 강남**

  스페이스(자유석) 월 18만 원부터

  데스크(지정석) 월 25만 원부터

  오피스(독립 사무실) 월 45만 원부터

출처: '미국인 타일러가 선택한 35만 원짜리 '명동 사무실' 정체', 〈잡스엔〉, 2017. 12. 19.

02 UNIVERSITY RESEARCH & DEVELOPMENT

애플도 이렇게 혁신했다, 오픈 이노베이션 방법

스마트 시대, 4차 산업혁명 시대로 접어들면서 오픈 이노베이션(Open Innovation)의 중요성이 더욱 강조되고 있다. 기존 산업환경에서 중시되던 가치가 파괴되고 기술시장의 성숙으로 다양한 기술이 융합되면서 산업 간의 경계가 사라지고 새로운 기술시장이 탄생하고 있기 때문이다. 하지만 당장 하루 먹고 살기 힘든 스타트업, 중소벤처기업에는 멀기만 한 개념으로 느껴지는 것이 현실이다.

혹은 오픈 이노베이션에 관심이 있는 기업이라고 하더라도 제대로 된 성과를 내지 못하면 그 의견을 주장하고 기획한 사람에게 질타가 쏟아지는 우리나라 기업문화에서는 자연히 그 실천이 위축될 수밖에 없다.

애플의 오픈 이노베이션

그렇다면 오픈 이노베이션이란 대체 뭘까? 오픈 이노베이션은 말 그대로 '개방형 혁신'이다.

> 기업이 필요로 하는 기술과 아이디어를 외부에서 조달하는 한편 내부 자원을 외부와 공유하면서 새로운 제품이나 서비스를 만들어내는 것으로, 기업 내부의 R&D 활동을 중시하는 것이 '폐쇄형 혁신'이었고, 아웃 소싱이 한쪽 방향으로 역량을 이동시키는 것이라면 오픈 이노베이션은 기술이나 아이디어가 기업 내외의 경계를 넘나들며 기업의 혁신으로 이어지도록 하는 것이다.
>
> 출처: '오픈 이노베이션', 〈한경 경제용어사전〉

복잡하고 어려워 보이는 개념이지만 사례를 살펴보면 더욱 쉽게 이해할 수 있다.

외국에서는 이미 오래전부터 오픈 이노베이션을 통해 다양한 기업과 비즈니스가 만들어지고 있다. 지금은 혁신의 대명사가 된 애플의 스티브 잡스는 오픈 이노베이션의 개념이 있기 전부터 본인이 이루고자 하는 제품이나 서비스에 필요한 기술을 외부에서 도입하고 사용하는 데 자유로웠다고 한다. 지금은 컴퓨터를 쓸 때 당연히 사용하게 되는 마우스도 초창기에는 제록스(Xerox)에서 개발한 것이었다. 스티브 잡스는 항상 자신의 제품에 필요한 기술을 찾기 위해 비어 있는 퍼즐 한 조각을 머릿속으로 구상하고 있었고, 우연히 찾아간 제록스 연구소에서 마우스를 보는 순간 그 퍼즐을 찾았다. 우리나라에서는 상상하기 힘든 경우다.

우리나라에서는 외부 사람에게 자기 회사의 기술을 쉽게 공개하는 것은 자살행위라고 생각한다. 이것이 기존의 폐쇄형 기술혁신 방식이다. 어제의 동료가 내일의 적으로 바뀔 수 있는 치열한 경쟁사회에서 자란 우리는 도무지 이해하기 힘든 사업방식이다.

기업 맞춤형 서비스

그렇다면 우리나라 기업들은 오픈 이노베이션을 위한 기술이나 아이디어를 어디에서 찾을 수 있을까? 그중 하나가 대학이다. 대학은 기업의 경쟁상대도 아니며 영리를 목적으로 하는 기업도 아니다. 다양한 아이디어와 특허, 논문 등 기술혁신을 위한 재원이 넘치는 곳이다.

다음의 그림에도 나와 있듯이 오픈 이노베이션은 기업이 외부의 여러 기관(동그라미)들과 연결되어 라이선스(license), 스핀오프(Spin-off: 기업의 주력사업 또는 신사업을 독립적으로 분리하여 경쟁력을 강화하는 경

| 오픈 이노베이션의 개념 |

▶ 폐쇄형 기술혁신

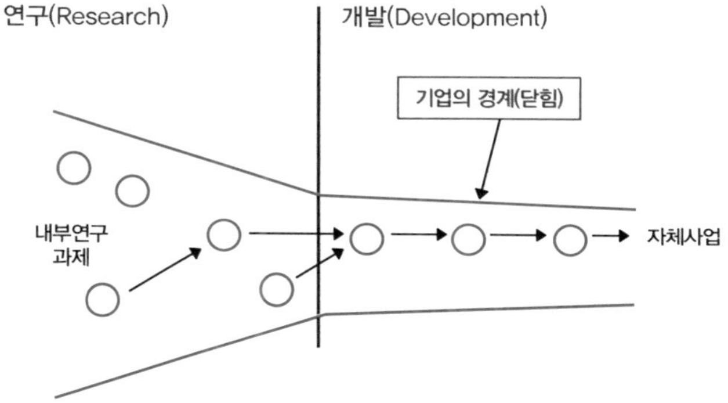

▶ 개방형 기술혁신

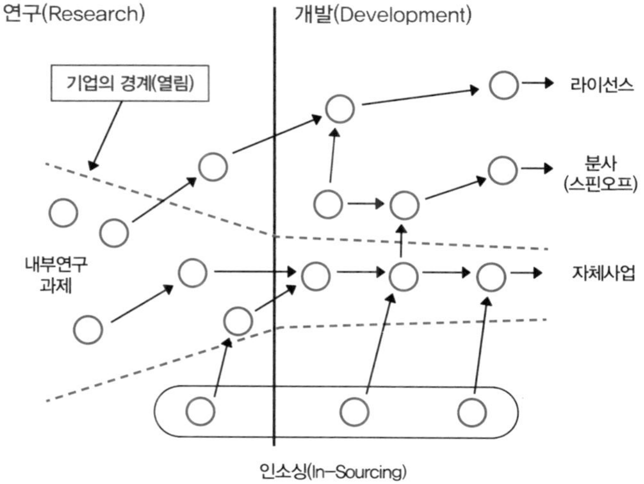

출처: '기술개발 아이디어 외부에 널려 있다', 〈매일경제신문〉, 2010. 5. 31.

영방식) 등의 개발 결과를 도출한다. 이때 동그라미 중 하나가 바로 대학이 될 수 있다. 기업이 해결해야 하는 애로 기술이나 혁신 기술을 이제 대학에서 찾을 수 있는 것이다.

꼭 기존 사업에 필요한 기술이 아니어도 좋다. 대학에서는 어떤 연구를 하고 있는지 견학한다는 생각으로 편하게 미팅을 요청하면 어렵지 않게 연구실을 방문할 수 있다.

사전에 전화나 이메일로 방문 일정을 조율해서 미팅할 수 있다. 가급적이면 연구실로 바로 전화하는 것보다는 대학 내 '산학협력단'을 통해서 요청하는 것이 좋다. 산학협력단 담당자 중에서 기술이전·사업화 담당자를 찾으면 가장 빠를 것이다.

전국 400여 개 대학 중 어딘가에는 기업에 필요한 기술이 반드시 하나는 있을 것이다. 찾는 기술에 대한 특허나 논문을 찾을 수 없다면 유사한 연구를 하는 교수나 연구자를 찾는 것도 방법이다.

대학 연구실에서는 새로운 연구주제를 찾는 데 관심이 많다. 기업의 사업 아이템이 최신 트렌드 기술에 기반하고 있어서 대학에서 연구하는 분야와 거리가 먼 것처럼 보일 수도 있다. 또는 기업이 대학 연구실에서는 구할 수 없는 데이터를 보유하고 있어서 대학이 잘 이해하지 못할 것처럼 보일 수 있다. 그러나 새로운 연구 주제를 찾고 있는 교수와 연구자는 기술을 응용하고 개량하는 데 낯설어하지 않을 것이다.

대학 연구 방향의 변화

예전에는 대학이 자체적인 기술과 연구를 위해 기업을 찾았다면, 최근에는 국가 차원에서 기업의 수요 방향에 맞춰 대학의 연구 방향이나 기술개발을 유도하고 그에 따른 결과가 기업에 잘 이전되어 상용화될 수 있도록 권장하고 있다.

창업을 장려하고 지원하는 정부의 정책 프로그램과 자금은 점점 증가하는 추세다. 현실적으로 스타트업 각자의 다양한 개성과 환경에 맞춰 일일이 정책을 세우고 자금을 지원하기는 어렵지만, 중소벤처기업부에서는 기업의 다양한 창업 단계와 기술개발 단계를 고려하여 지원 사업들을 점점 세분화하고 있다.

전에는 중소벤처기업부의 산학연협력 기술개발사업(대학과 기업이 협력할 있도록 R&D를 지원하는 사업)자체가 없었지만, 최근 기술개발에 대한 기업의 수요와 산학협력을 중시하는 대학의 태도가 반영되어 불과 몇 년 전에는 없었던 사업이 새롭게 만들어졌다. 그 안에서 여성 벤처 전용 트랙이나 처음 R&D를 한 기업들만 별도로 뽑는 프로그램이 생기고, 직원이 5인 이상이거나 전년도 매출이 5억 원 이상인 기업들만 지원할 수 있는 도약협력과제가 만들어지는 등 다양한 기업 상황을 반영하는 정부의 노력이 계속되고 있다.

정부의 다양한 맞춤형 R&D 지원 사업을 통해 멀게만 느낄 수 있는 오픈 이노베이션을 한 번쯤은 체험해보기를 바란다.

03 UNIVERSITY RESEARCH & DEVELOPMENT

스타트업의 미래 먹거리를 대학에서 찾다

최근 외국의 한 스타트업의 비즈니스 모델에 적용된 기술이 국내 스타트업들에게 많은 관심을 불러일으키고 있다. 실제로 많은 대표가 본인의 사업을 설명할 때 이 기업을 사례로 들어 이런 방식을 접목하고 싶다면서 산학협력을 논의하곤 한다.

바로 '스티치 픽스(Stitch fix)'라는 의류 스타일링을 추천해주는 스타트업이다. 지금은 규모가 어마어마하게 커져 스타트업이라고 하기가 무색할 정도다.

얼마 전에는 한국의 패션·뷰티 사업으로 대박을 친 '스타일난다(대표 김소희)'가 외국 글로벌 화장품 기업인 로레알에게 4천억 규모로 인수되기도 했다. 의류와 패션·뷰티 산업이 마르지 않는 사업 아이템 중 하나인 것은 분명한 것 같다.

식상한 사업모델 뒤집기

스티치 픽스도 2011년 한 여성 대표가 시작한 스타트업으로, 개인 취향에 맞게 의류 스타일링을 추천해주는 알고리즘 기술을 적용하면서 6년 만인 2017년 매출액 10억 달러(1조 1천억 원)를 달성하며 나스닥에 등록됐다.

지금은 누구나 생각할 수 있는 서비스 방식이지만, 6년 전만 해도 이제 막 창업한 조그만 의류회사가 수많은 소비자의 개인 취향에 맞춰 옷을 추천해준다는 생각을 쉽게 떠올릴 수는 없었을 것이다. 기존의 식상한 쇼핑 방법을 뒤집은 데서 착안한 신선한 아이디어가 성공의 시작이 되었다.

창업자 카트리나 레이크(Katrina Lake)는 대학원 공부와 직장생활을 병행해서 쇼핑할 여유가 없었다. 어느 날 블랙 드레스가 필요해 인터넷 쇼핑몰을 찾았다가 수많은 사진을 보고 진이 빠져버렸다. 그래서 옷을 고를 때 항상 따라다니는, 이런 '선택의 불편함'을 없애주기 위해 창업을 준비하게 되었다고 한다.

스티치 픽스 홈페이지에는 옷 사진이 없다. 회원가입을 하고 본인의 취향을 선택하기만 하면 다섯 벌의 옷이 배달된다. 그중에

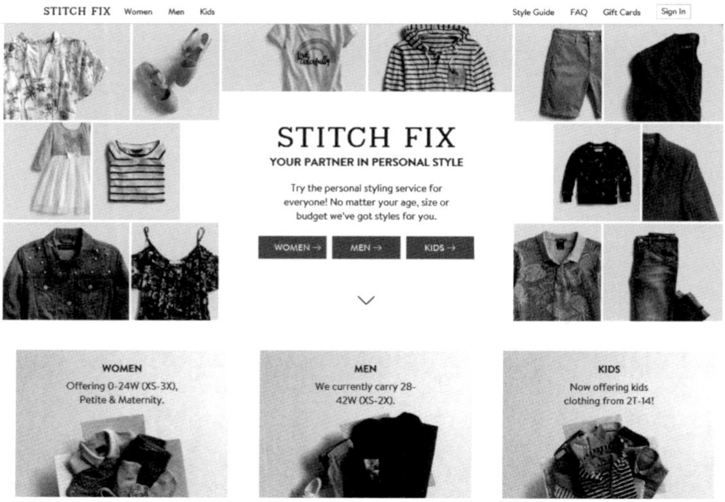

▲스티치 픽스 홈페이지 메인 화면(https://www.stitchfix.com)

마음에 드는 옷이 있으면 구매하고 나머지 옷은 반품을 한다. 일반적으로 생각하는 쇼핑몰의 사업방식 즉, 비즈니스 모델을 바꾼 것이다.

여기서 중요한 것이 바로 반품에 대한 정보다. 소비자가 반품한 옷에 대한 정보를 수집해 추천 알고리즘에 반영하고 소비자 각자에게 맞는 옷의 정보를 점점 더 정교하게 만든다. 최종적으로 인공지능 데이터 정보에 전문 스타일리스트의 정보를 결합해 소비자에게 추천할 스타일을 결정한다. 사람과 기술의 융합을 적절히 활용하여 사업에 적용한 좋은 예이다.

> 아마존, 이베이에는 수백 수천 벌의 옷이 널려 있다. 하지만 블랙 드레스 하나 사자고 가격대별로 다 따져보는 사람은 별로 없다. 사람들이 원하는 것은 전 남친 결혼식에 갔을 때 내가 멋지게 보일 딱 한 벌, 면접 때 입을 만한 괜찮은 정장 딱 한 벌이다. 그리고 그걸 누가 알아서 잘 좀 골라줬으면 한다.
>
> 출처: '스티치 픽스 : 머니볼을 하는 2억5천만 달러의 패셔니스타 스타트업', 〈포브스〉, 2016. 6. 1.

대학을 통한 정부 R&D 사업 지원하기

어떻게 보면 우리나라 스타트업에게는 이런 기술을 활용할 수 있는 더 좋은 기회가 열려 있다고 볼 수도 있다.

스티치 픽스의 창업자는 인공지능 알고리즘 기술을 개발하기 위해 수많은 전문가의 조언을 구하고, 넷플릭스가 기존에 보유하고 있었던 영화를 소비자 개인 취향에 맞게 추천해주는 기술을 도입했다. 그만큼 자본력이 뒷받침됐기에 가능한 일이었다.

그러나 이제 막 시작하는 우리나라 스타트업들이 이런 기술과 자본을 구하기란 쉬운 일이 아니다. 바로 그때 산학협력이 도움을 줄 수 있다. 넷플릭스만큼 고도한 기술은 아니지만, 대학에서도 인공지능 기반의 딥러닝(Deep Learning) 기술을 만들어 낼 수 있다. 여기서 딥러닝 기술이란 사물이나 형태를 데이터화하거나 분류하는 데 사용하는 소프트웨어 기술로, 컴퓨터가 개와 고양이를 수많은 사진으로 학습하여 사람과 같이 인지하도록 하는 것을 말한다.

정부에서도 이런 대학의 기술을 고도화하여 사업화에 적용할 수 있도록 중소벤처기업부, 산업통상자원부, 과학기술정보통신부 등을 통해 스타트업에게 정부 R&D 기술개발자금을 지원하고 있다. 사업계획이 명확하고 타당성이 있다면 대학을 통해서도 정부 R&D 사업에 지원이 가능하다는 이야기다.

외국과 비교하면 우리나라의 R&D 환경은 좋은 편에 속한다고 한다. 따라서 이를 잘 활용하면 분명히 제2의 스티치 픽스와 같은 스타트업이 나올 기회는 더 많다고 본다.

불편함에 민감하라

또 하나 중요한 점은 '불편함에 민감해야 한다'는 것이다. 미래에는 불편함을 없애는 아이템들이 점점 더 많아질 것이기 때문이다.

핸드폰이 스마트폰으로 진화하면서 터치로 모든 것이 편해졌지만, 어느덧 지금은 터치를 통해서 표현하는 것조차도 불편해하는 시대가 되었다. 음성으로 메시지를 보내고 말로 전화를 거는 세상으로 돌입하고 있다. 곧 찾아올 미래는 터치에서 음성으로 빠르게 전환이 될 것이라는 전문가들의 의견도 있다.

출처: '인류를 중세귀족으로 만들어 줄 쇼핑의 미래', 〈스카이데일리〉, 2018. 5. 24.

이에 발맞춰 창업 아이템을 구상해보는 것은 어떤가? 대학에서도 음성 잡음제거, 음성인식 등과 같이 미래에 필요한 기술을 선제적으로 연구하는 교수들이 기업들로부터 인기가 높다.

이처럼 대학에는 스타트업의 미래 먹거리(사업 아이템)에 도움이 될 수 있는 다양한 기술과 지원 프로그램들이 기다리고 있다.

04 UNIVERSITY RESEARCH & DEVELOPMENT

중소벤처기업의 미래 먹거리를 대학에서 찾다

1장에서 소개한 박 대표는 모 방송국의 베테랑 PD 출신으로, 지금은 중소벤처기업을 대상으로 광고를 기획하고 영상도 제작하는 광고기획 회사를 운영하고 있다. 10년째 회사를 운영해온 박 대표는 영화감독이 꿈이라고 한다.

"저는 사업하면서 해보고 싶은 아이디어가 엄청 많아요. 그것들을 다 사업으로 하고 싶은데 돈이 없어서 못했죠."

"그동안 대표님이 해왔던 영상 제작이나 광고기획 일이 사람 손이 많이 가는 일이었다면, R&D는 어떤 틀(프레임)을 만들고 그 안에서 많은 사람이 원하는 서비스를 받을 수 있게 한다거나 일반인들이 몰랐던 정보를 플랫폼 형태로 제공하는 것입니다."

비어 있는 광고 이용하기

박 대표는 우리나라 중소벤처기업들이 만든 제품이나 서비스가 세상에 알려지지 못하고 사라지는 것에 대해서 개탄했고, 이를 해소할 수 있는 서비스가 있었으면 한다고 했다. 그러던 중 중소벤처기업이나 소상공인들이 저렴하게 자기 회사와 제품을 광고할 수 있도록 하면 좋겠다는 아이디어가 나오게 되었다.

첫 단추를 잘 끼운 느낌이었다. 기술 기반의 회사가 아니었기 때문에 처음 시작이 너무 막막했다. '지인의 소개로 만나긴 했지만 대학과의 연결고리를 찾을 수 없으면 어쩌지?' 하는 걱정이 있었다.

조금 더 아이디어를 구체화하는 추가 미팅을 진행하면서, 보다 저렴하게 우리나라 중소벤처기업이나 소상공인의 제품과 서비스를 제공하기 위해 필요한 조건들을 나열해보았다.

마침 기술경영전문대학원에서 들었던 수업 중 광고 플랫폼에 관한 내용이 있었고, 의외로 옥외광고나 길거리 광고 등이 공실, 공란으로 허비되고 있다는 사실을 알게 되었다.

'비어 있는 광고'들은 매체사라는 곳이 비용을 지불하고 운영하고 있기 때문에 매체사 입장에서는 '비어 있는 광고'가 골칫거리일 수밖에 없다. 박 대표는 오랜 경험으로 이를 통해 자연스럽게 수요와 공급이 발생할 수 있다는 것을 알게 되었다.

즉, 비어 있는 광고 공란에 대한 정보를 기존보다 저렴하게 광고하고 싶은 중소상공인에게 제공한다면 중소벤처기업의 가려운 부분도 해소되면서 광고 매체사의 골칫거리도 한 번에 해결될 수 있는 비즈니스 모델이 만들어지게 되는 것이다.

광고기획 기업의 플랫폼 개발 R&D 도전

이렇게 설계된 비즈니스 모델을 기반으로 사업계획을 문서화하는 작업을 시작했다. 그러나 보통 기업에서는 견적서, 입찰서 같은 단순한 서류만 다루기 때문에 정부에서 요구하는 사업계획서 양식을 처음 접하면 당황하게 된다.

사업계획서는 일반적으로 적게는 10페이지에서 많게는 20페이지 이상의 분량을 요구한다. 사업계획서에는 다음과 같은 내용이 일목요연하고 간결한 문구로 작성되어야 한다.

① 기술개발 개요 및 필요성

② 기술개발의 목표

③ 기술개발의 방법 및 산학협력의 필요성

④ 사업화 계획

보통 대표들이 초안을 쓰고 대학에서 보완을 하지만 박 대표가 담당 직원을 배정할 때까지만 일단 대학에서 초안을 잡아보기로 했다. 그때 당시 산학협력단과 함께 정부 R&D 사업을 준비하던 팀이 10개 이상이었기 때문에 개별적으로 코칭하기란 쉽지 않은 일이었다. 하지만 이대로 두면 분명 신청조차 못하고 포기할 것이 눈에 선했기 때문에 손 놓고 보고만 있을 수는 없었다.

그래서 박 대표와 사무실에서 며칠 동안 시간을 쪼개가며 작업을 시작했다.

그렇게 사업계획서를 겨우 마무리하고 2017년 4월 1차 서류를 제출했다. 제목은 '비어 있는 광고 정보 제공을 통한 맞춤형 서비스 개발'이었다. 5월 서면 평가와 현장 평가를 무사히 통과하고 6월 발표 평가까지 순조롭게 진행됐지만 기쁨도 잠시, 7월 최종 평가에서 탈락하고 말았다.

평가 의견은 나쁘지 않았다. 다만 수익 구조와 기술적인 부분이 다소 부족하다는 의견이 몇 가지 있었다.

"대표님, 첫 번째 도전은 당연히 떨어지는 거 아시죠? 처음부터 선정되는 경우는 거의 없어요. 더군다나 기존에 이런 사업을 하셨던 것도 아니기 때문에 평가위원들이 지적한 것이 틀리지만은 않습니다."

재도전을 통한 사업계획서 강화

정부 R&D 사업은 오랜 시간을 투자한 만큼 아쉬움이 크겠지만 탈락했다면 빨리 인정하고, 지체없이 다음을 준비하는 것이 정신건강에 이롭다.

당시 준비했던 중소벤처기업부의 '첫걸음 R&D(1억 원/1년 지원)' 사업은 1년에 3회에 걸쳐 접수하는 방식이라 바로 한 달 뒤에 있는 그 해 마지막 접수 기간에 다시 신청할 수 있었다. 이번에는 박 대표도 신규직원을 전담배치 했고, 나도 다른 직원과 함께 적극적으로 사업계획서를 재검토했다. 개발 주제와 용어부터 참신하게 바꾸고 관련 사진들과 구성도 및 절차 등도 체계적으로 도식화했다.

그렇게 다시 8월부터 4개월의 대장정에 올랐고, 전국 450개 팀 중 1차 서류 심사에 통과한 150개 팀에 속하게 되어 대면 평가를 받게 되었다.

대전에서 열린 대면 평가에는 협력 교수도 함께 적극적으로 참여했다. 대면 평가 때는 평가위원들의 공격을 잘 방어해야 좋은 결과를 얻을 수 있다. 1억 원이나 되는 사업비를 국가에서 무상으로 지원하는 것이므로 통과하기가 결코 만만치 않다. 그만큼 사업 내용이 탄탄해야 하며 개발 목표와 사업화 계획이 명확해야 한다.

두 번째 도전 일정을 모두 소화한 뒤 평가위원들의 지적사항들을 살펴보면서 탈락할 경우 보완해야 할 부분을 점검했다.

평가 결과는 두 번에 나눠서 통보를 받는다. 첫 번째로 대면 평가 결과가 통과되면 보통 '추천대상'이라는 통보를 받게 된다. '추천대상'은 아직 선정됐다는 뜻은 아니다. 최종적으로 심의위원회를 통과해야 '선정'의 결과를 받게 된다. 대부분 '추천대상'이 되면 문제없이 선정되지만 간혹 심의위원회에서 탈락하는 경우도 있다.

2017년 11월 27일 저녁 7시 30분. 퇴근을 준비하려던 차에 문자 한 통을 받았다.

> '귀사가 신청한 첫걸음 기술개발사업 과제의 종합 평가 결과를 통보합니다.'

대면 평가 결과는 '추천대상'이었지만 안심할 수 없었기에 최종적으로 종합 평가 결과를 숨죽이고 기다리던 차였다.

> '종합 평가 결과: 선정'

진정한 지원의 의미

이후 박 대표와 기업 직원들이 모두 함께 산학협력단과 킥오프 미팅(Kickoff meeting: 프로젝트를 진행하기 전 처음으로 진행하는 첫 미팅)을 진행했는데, 이때 박 대표가 한 말이 오래도록 마음에 남았다.

"지금까지는 우리에게 하청을 준 회사를 위해서 일하는 기분이었다면, 이번 R&D 사업은 진짜 내 회사를 위해서 나의 직원들과 함께 준비했다는 것에 큰 의미가 있었습니다."

"아마 지난 1년이 내 사회생활 30년 중 가장 중요한 터닝 포인트가 아닐까 싶습니다. 감사합니다."

광고기획이라는 업종도 대학에서는 흔하게 생각하는 산학협력 기업 유형은 아니다. IT 기업이나 벤처기업도 아니다. 언뜻 보기에 잠재력이 있을 법한 기업도 아니다.

그러나 사업 아이템에 대한 충분한 고민을 바탕으로 새로운 시장을 찾아낼 수만 있다면 어떤 기업이든 산학협력은 가능하다.

대학은 때로 기업이 억지로 산을 오르게 하려고 위에서 잡아당기기도 하고 밀어주기도 한다. 어느 순간 기업은 혼자 산을 오를 수 되고 그때 자연스럽게 손을 놓아준다. 왜냐하면 지원의 진정한 목표는 '지원을 끝나게 하는 것'이기 때문이다.

05 UNIVERSITY RESEARCH & DEVELOPMENT

산학협력으로 중소벤처기업에 돛을 달자

"저희 대학에는 대표님 회사에 필요한 특허와 기술들이 있습니다. 기술 내용을 보내드릴 테니 한번 검토해보시겠어요?"

"우리 회사에서 이런 기술이 필요한데 그쪽 대학에 관련된 특허나 교수님이 있나요?"

이렇게 중소벤처기업 또는 스타트업에게 대학의 기술이 활용될 수 있도록 산학협력단의 담당자들은 오늘도 최적의 기술 수요를 발굴하기 위해 노력하고 있다.

전국의 수많은 창업팀과 중소벤처기업을 상대하기에는 턱없이 부족한 일손이지만 단 하나의 기업이라도 대학의 기술을 잘 활용할 수 있도록 많은 시간과 노력을 끊임없이 투입한다.

대학의 인프라 활용하기

그런데 과연 대학의 기술만 활용해야 산학협력을 활성화할 수 있는 것일까?

「산업교육진흥 및 산학연협력촉진에 관한 법률」의 첫 조항에 이런 문구가 있다.

> **산업교육진흥 및 산학연협력촉진에 관한 법률**
>
> **제1조 [목적]**
>
> 이 법은 (생략) 효율적인 연구개발체제를 구축하고, 나아가 산업발전에 필요한 새로운 지식·기술을 개발·보급·확산·사업화함으로써 지역사회와 국가의 발전에 이바지함을 목적으로 한다.

즉, 산학협력이란 대상이 되는 산업교육기관과 국가, 지방자치단체, 연구기관 및 산업체 등이 상호 협력하여 행하는 활동을 말한다. 따라서 반드시 대학의 기술만 활용하라는 제한이 있는 것이 아니라는 뜻이다.

간혹 어떤 면에서는 대학보다 훨씬 탁월한 기술을 보유하고 있는 스타트업이나 벤처기업을 만나는 경우가 있다. 하지만 그런 우수한 기술을 가지고 있음에도 기업의 규모와 인프라가 받쳐주지 못하거나 활용처를 찾지 못해서 기술의 가치가 사장되는 경우가 종종 발생한다.

대학이 교수가 발명한 기술을 활용하려는 이유도 이와 비슷하다. 하지만 스타트업이나 벤처기업은 기술 하나를 개발하기 위해 대학보다 더 큰 비용과 많은 시간을 투자해야 한다. 그래서 이를 사업에 바로 직결시키지 못하게 되면 기업 운영에 큰 타격을 받을 수 있다. 기술을 활용해야 하는 절박함면에서는 대학보다 더 절실한 상황에서 시작하게 되는 것이다.

스타트업과 대기업의 협력 지원

대학에는 산학협력중점교수가 있어 산학협력을 더 활발하게 촉진하기 위해 산학협력단 직원들 못지않게 대외 활동과 네트워킹을 통해 범위를 확장하는 역할을 하고 있다. 그중 한 교수가 평소와 다름없이 산학협력이 진행 중인 중소벤처기업과 미팅을 마치고 이동하던 중에 우연히 스마트폰 네비게이션에 그 기업의 기술이 적용되고 있다는 것을 알게 되었다.

"아니! 이런 기술을 대표님이 만드신 거예요?"

"네, 제가 2012년경에 네비게이션을 사용하면서 불편한 점을 느끼고 이를 개선해보려고 만들게 되었습니다. 특허를 기반으로 앱까지 만들게 되었고요."

그 기업에서 만든 앱은 그때 당시 해당 사이트 내에서 유료 앱

다운로드 순위 1위에 오를 만큼 상당히 유용한 기능이었다. 하지만 여러 가지 이유로 사용이 중지되었고, 이 기술을 다시 사용할 방법을 찾던 중 산학협력중점교수가 특별한 제안을 하게 되었다.

서강대학교는 오픈이노베이션센터 내에 '사다리랩/불펜'이라는 아이디어 사업화 플랫폼을 운영하고 있다. 이곳은 대학 내 입주한 기업들의 아이디어나 기술이 사업화될 수 있도록 육성 및 지원하는 역할을 맡고 있으며, 이를 위해 대학의 기술이전·사업화 프로그램을 활용하여 잠재력 있는 스타트업의 기술을 중견기업 또는 대기업에 이전하여 성과가 극대화될 수 있도록 지원한다.

마침 이런 프로그램에 적합한 기술을 발굴한 교수가 산학협력단의 기술이전·사업화 프로그램 담당자와 논의했고, 산학협력단의 전담 변리사, 변호사 등의 전문가들을 활용하여 해당 기술에 대한 권리성, 시장성, 기술성 등을 분석하여 대기업과 협력을 제안하는 데 도움을 받게 할 수 있었다.

현재는 대기업과 함께 그 네비게이션 기술에 대학이 보유한 관련 기술을 보완하여 더욱 활용도를 높일 방법도 고민하고 있다. 나아가 대학이 가지고 있는 기술사업화 플랫폼을 이용하여 중소기업은 기술을 출자하고 대기업은 자본금을 투자하는 형태의 특허기술기반 공동사업화법인도 검토 중이다.

대학을 적극적으로 이용하라

대표는 창업 전 IT 기업에서 성공과 실패를 경험하고 새롭게 도약하기 위해 홀로 기술개발을 하면서 사업을 유지해 왔다고 한다. 어려운 상황에서도 끊임없이 기술개발을 통해 사비를 털어 특허를 내고 더 큰 목표를 위해 미국 특허까지 출원해서 최근에 등록을 완료했다. 힘든 환경에서도 정상을 향해 달려가는 대표의 의지는 열정적이다 못해 뜨거웠다.

산학협력은 기업과 대학이 상생할 방법을 찾아서 서로가 윈윈할 수 있도록 상호 협력하는 것이라고 할 수 있다. 따라서 중소기업 중에서도 스타트업이나 예비 창업자들은 초기에 대학을 적극적으로 살펴볼 필요가 있다. 그것이 미래를 위한 투자이고 초기 사업 구축의 지름길이 될 것이다.

이미 모든 게 갖춰진 큰 유람선은 충분한 기름과 엔진으로 움직일 수 있지만, 작은 나룻배는 조그만 파도에도 흔들리고 혼자 힘으로 나아갈 수 없다. 튼튼한 돛을 달고 앞으로 나아가기 위해 대학이라는 순풍을 이용해보자.

06 UNIVERSITY RESEARCH & DEVELOPMENT

산학협력도 가성비가 아닌 가심비로

앞장에서 산학협력으로 R&D를 진행하다가 실마리를 찾지 못해 보류 중이었던 '클레슨' 이야기를 해보겠다. 클레슨은 처음 만났을 때는 빨리 대학의 기술을 찾아서 어떻게 하면 본인들이 만든 서비스에 잘 적용할 수 있을지만 고민했다.

기업의 니즈에 딱 맞는 기술이나 연구자를 찾는 것이 쉬운 일은 아니다. 유사한 연구 분야의 교수나 찾고자 하는 기술의 원리를 알고 있는 연구자를 찾아서 서로가 만들어가는 방법이 바람직하다.

그러나 이때는 그런 기술이나 연구자마저도 찾기 어려운 상황이었다. 그렇다고 도움이 필요한 스타트업을 그냥 지나쳐 버릴 수는 없는 일이다. 그럴 때는 기업과 함께 비즈니스 모델을 그려본다.

비즈니스 모델 강화하기

최근 비즈니스 모델이라는 말이 참 많이 사용된다. 비즈니스 모델은 기업이 돈을 잘 벌 방법을 사전에 고민하고 기획해보는 일이다. 산학협력은 궁극적으로 대학의 기술이나 자원을 통해 기업이 돈을 잘 벌 수 있는 역량을 길러주기 때문에, 비즈니스 모델을 함께 고민해보는 것도 크게는 산학협력이라는 범주 안에 포함된다.

클레슨은 지난 미팅 이후 대학과의 공동 기술개발 주제를 잡는 데 난항을 겪고 있었다. 하지만 포기하지 않고 3~4개월 동안 서로 시간을 두고 그간의 개발 내용과 업무 진행 상황을 공유하면서 다시 한 번 사업 내용을 검토해보기로 했다.

다행히 두 번째 미팅에서 조금 더 몰입도가 높아지기 시작했다. 기본적으로 이 서비스는 전 세계를 대상으로 음악을 전문적으로 배우고 싶어 하는 사람과 국내외 음악 전문 코치 또는 뮤지션을 매칭해주는 온라인 음악 티칭 서비스다.

두 번째 미팅에서는 지난 3~4개월 사이 추가로 개발된 시스템도 볼 수 있었다. 더 많은 사람이 참여할 수 있도록 자신이 부른 노래나 연주 영상을 직접 업로드하여 전문가의 평가와 코멘트를 받아볼 수 있게 하는 '음악 평가 서비스'를 개발한 것이다.

그러면서 자연스럽게 지난번 기본 서비스만 있을 때는 찾을 수 없었던 대학의 매칭 기술을 새롭게 찾을 수 있었다. 고객의 웹 페이지 검색 패턴을 분석하여 각 고객 유형에 맞는 강사를 추천해 주는 시스템을 빅데이터 분석기법으로 고도화하자는 것이다.

산학협력단에서는 그동안 클레슨에서 진행했던 다양한 글로벌 프로모션에 대한 이야기를 듣고 음악 평가 서비스를 오프라인과 연동하는 서비스 전략을 제안해보았다. 최근 혼밥, 혼술에 이어 혼자 노래 부르는 것을 즐기는 사람들이 늘고 있다는 것에 착안하여, 혼자 부른 노래에 대한 코멘트를 전문 보컬 트레이너나 실용음악학과의 교수로부터 받을 수 있도록 하자는 아이디어였다.

산학협력을 통한 새로운 콘셉트 발견

이러한 아이디어가 더 발전되어 '스마트 연습실'이라는 콘셉트를 발견할 수 있었다. 전국에는 1천여 개가 넘는 음악연습실이 있지만, 어디까지나 공간 임대 개념만 있는 곳일 뿐이다.

'스마트 연습실'은 연습실 내에 촬영 장비가 있어 자신이 연습하는 모습을 촬영할 수 있고, 촬영한 영상은 클라우드에 보관되어 언제 어디서나 볼 수 있는 시스템이 결합된 형태다. 원하는 영상을 전문가에게 평가해달라고 요청하거나, 친구들에게도 공유할 수 있는 온라인 시스템이 결합하여 기존의 오프라인에서 자연스럽게 온라인으로 연결해주는 것이다.

아직은 테스트를 위한 준비 단계지만 곧 전국의 연습실이 이렇게 스마트하게 바뀌어 갈지도 모르겠다.

또 최근 결혼이나 이벤트용으로 녹음실 스튜디오에서 노래를 부르고 일반인도 음원을 낼 수 있는 서비스가 늘고 있다고 한다. 실제로 클레슨 대표는 이와 비슷한 서비스를 최근 비즈니스 모델로 구상했었다고 한다.

이처럼 그동안 교육기관이라는 틀 안에만 박혀 있었던 대학이 기업의 잠재적 가치에 몰입하며 기업과 함께 고민하고 여러 아이디어와 질문을 주고받으며 '기업가적 대학'으로 변하고 있다.

기업을 위한 든든한 조력자, 산학협력단

점점 많아지는 스타트업과 예비 창업자들에게 대학은 어떤 도움이 될 수 있을까? 물론 기술, 자금, 공간 등 여러 가지 물리적인 요인들이 있겠지만 특히 처음 사업을 시작하는 이들에게는 믿고 의지하면서 함께 고민할 수 있는 조력자가 필요할 것이다. 대학은 공공성을 지니고 있으므로 그런 조력자가 필요할 때 고려해볼 만한 파트너가 될 것이다.

물론 산학협력을 원하는 모든 대학과 기업이 항상 서로를 믿고 도움을 줄 수는 없다. 대학마다 원하는 기업의 유형이나 산학협력의 기준과 방법이 다르기 때문이다. 그러므로 대학과 함께 협력방법을 찾을 때에는 몇몇 대학을 사전에 여러 번 검토해보거나, 그것도 여의치 않으면 우선 해당 대학의 산학협력단 기술이전 담당자나 팀장과의 미팅을 요청해서 대학의 분위기를 빠르게 파악해보는 것도 방법이다.

기업과 대학의 상호 보완 관계

이제 막 시작한 초기 기업에는 어미 새가 있는 따뜻한 보금자리와 먹이를 찾아주는 관심과 배려가 이처럼 가성비보다는 가심비(가격 대비 마음의 만족도)를 추구하는 것이 바로 진정한 산학협력이라 할 것이다. 먼저 대학에 문의를 해보고, 만약 대학이 보유한 창업 공간이 없다면 최근에 많아지고 있는 주변 창업 지원 공간에 대한 정보 등 도움이 될 만한 내용을 문의해도 좋다. 이런 과정을 통해 기업에 도움이 되는 기술과 연구자가 매칭될 수도 있고 예상치 못한 산학협력의 기회가 열릴 수 있다.

대학은 잠재력 있는 스타트업을 발굴하고 이들이 성장할 수 있도록 지원하여 대학의 자원이 사장되지 않고 알맞은 기업에 활용되기를 원하고 있다. 기업과 대학이 이러한 상호 보완 관계로 발전된다면 산학협력의 미래는 밝을 것이다.

· 5장 ·

산학협력, 어떻게 시작할까?

01

UNIVERSITY
RESEARCH & DEVELOPMENT

산학협력 시작하기

기업 입장에서는 처음 산학협력을 시작하려고 마음을 먹고 주변 대학을 방문하려니 다소 어색하고 낯설게 느껴질 수 있다. 그럴 때는 온라인을 통해 해당 대학에서 자체적으로 개최하거나 여러 대학이 공동으로 주최하는 기술 설명회, 세미나, 전시회, 콘퍼런스 등 다양한 오프라인 행사에 참여해보는 것도 좋은 방법이다.

대학에 접근하기

대학과 전혀 관계가 없는 외부의 기업이 산학협력을 시작하는 방법은 크게 두 가지로 나눠볼 수 있다. 하나는 대학에서 특정 기술 분야에 해당하는 전체 기업군을 대상으로 개최하는 세미나, 설명회 등에 참석하는 방법이다. 대학 입장에서는 많은 기업을 만나고 알려야 대학에 숨어 있는 기술과 협력 방안을 논의할 수 있기 때문에 여러 기업을 상대로 매스 마케팅(Mass Marketing)을 하는 것도 중요하다.

다른 하나는 기업 측에서 사업에 필요한 기술이나 연구자를 특정하여, 이와 관련도 높은 대학에 연락하여 직접 접촉하는 방식이다.

두 가지 방식에는 각각 장단점이 있다. 기업 입장에서는 부담 없이 다수를 상대로 하는 설명회나 전시회 행사를 선호할 수 있다. 하지만 이 방법은 기업과 대학 모두에게 비효율적이다. 물론 그중에는 우연히 찾아왔다가 대학의 숨은 기술을 발견하고 유레카를 외치는 경우도 간혹 있다. 하지만 설명회나 전시회를 통해 기업에 딱 맞는 기술을 찾기란 쉬운 일이 아니다.

만약 기업에 필요한 기술이 있다면 두 번째 방법처럼 기업이 먼저 대학의 문을 두드리고 적극적으로 기술에 대해 문의해보자. 그러면 대학은 기쁘게 맞이할 것이다. 대학은 항상 마음을 열고 기업을 기다리고 있으므로 주저하지 말고 용기 있게 먼저 손을 내밀어도 좋다.

사람과 사람이 만나는 산학협력

정부와 대학에서는 산학협력의 가장 중요한 요인으로 '사람'을 꼽는다. 사람이 중요하다는 말은 대학과 기업을 연결할 때 지원 프로그램이나 기술 소개보다 사람과 사람 사이의 믿음과 신뢰를 만들어 내는 과정이 중요하다는 의미다.

다수를 상대하는 방식의 기업 발굴은 부대 비용과 시간이 많이 들어가는 대신 기업과 대학이 편하게 만났다가 헤어질 수 있다. 하지만 특정 대학을 목표로 접근하는 방식은 별도의 부대 비용이 들어가지 않는다. 그저 기업이 시간과 의지 정도를 할애하면 된다.

기업 입장에서 개별적으로 대학에 찾아가고 대학과 처음 만나는 자리에서 믿음과 신뢰를 전달하는 것은 결코 쉬운 일이 아니다. 하지만 기업과 대학이 1:1로 만나고 경험을 점점 쌓다 보면, 서로 상대를 이해하는 안목이 생기게 된다.

낚시꾼은 물고기가 미끼를 물 때까지 기다리는 시간을 결코 낭비한다고 생각하지 않는다. 산학협력도 마찬가지다. 대학의 입장에서 기다림의 시간은 좋은 때를 기다리기 위한 자발적인 투자다. 서로 좋은 기업과 좋은 대학을 만나는 것이 산학협력의 시작이며, 그만큼 열정적으로 투자하고 노력해야만 기업과 대학이 서로를 신뢰할 수 있다.

대학 이해하기

기업처럼 이윤 추구를 목적으로 하지는 않지만, 대학도 나름대로 수지타산을 따지기도 한다. 기업과 크게 상관이 없음에도 정부기관이나 대학에서 하는 콘퍼런스나 세미나 같은 행사에 참석을 요청하기도 하는 등 기업 입장에서는 이해가 안 되는 요청을 할 때도 있다. 적은 수의 담당자가 많은 기업을 상대하기 때문에 가끔 실수를 하기도 한다.

그럴 때 고의성이 없다고 판단되면 한 번쯤은 너그럽게 이해해주기 바란다. 대학의 산학협력 담당자들은 기업의 사소한 배려에 고마워해서 나중에 더 좋은 정보나 지원 프로그램이 있으면 제일 먼저 연락을 줄 것이다.

02 UNIVERSITY RESEARCH & DEVELOPMENT

어떤 업종이 산학협력을 할 수 있을까?

점점 스타트업이 대학을 만날 수 있는 자리가 많아지고 있다. 기업 IR(Investor Relations), 데모데이(Demo-Day) 등의 기회를 통해 다양한 스타트업이 투자를 유치하기 위해, 기업의 가치를 높이기 위해 공개석상에서 자신들의 창업 아이템을 뽐내며 대표의 역량을 마음껏 발휘한다.

기업은 짧은 시간 내에 자신들의 생각을 표현하기 위해 다양한 방법들을 이용하는데, 지금까지 만나본 스타트업들은 대부분 프레젠테이션을 통해서 자신들의 이야기를 전달했다. 제한된 시간과 장소에서 프레젠테이션만큼 쉬운 방법은 없겠지만, 반대로 프레젠테이션을 잘 못한다고 해서 그 기업의 가치가 떨어지는 것은 아니다. 그러나 현장에서는 말을 잘하고 프레젠테이션을 그럴싸하고 멋있게 잘 만든 곳에 신뢰를 갖게 되는 경우가 종종 발생한다. 그러다 보니 정작 자신의 사업에 대한 정확한 분석이나 타깃 고객과 시장에 대한 고민보다 겉모습을 꾸미는 데 신경을 더 많이 쓰는 기업도 종종 보게 된다.

그러나 너무 과도하게 남의 시선을 의식하고 표현을 하려다 보면 '본질'을 놓치는 경우가 발생할 수 있다. 투박하고 다듬어지지 않은 내용일지라도 창업을 결심하게 된 동기와 그것을 통해 이루고자 하는 사업의 목적과 수단이 명확하다면 사람의 마음은 통하게 되어 있다. 대학의 산학협력 담당자 입장에서는 몇 가지 질문을 던져보면 사업에 대한 확신과 고민의 깊이가 어느 정도인지 금방 파악할 수 있다.

산학협력이 어려운 업종

그렇다고 산학협력단에서 사업 아이템 자체를 평가를 한다는 것은 아니다. 사업 아이템에 좋고 나쁨은 없다. 다만, 「중소기업창업 지원법 시행령」에서 규정한 창업 제외 업종은 산학협력이 어렵다.

산학협력이 가능한 사업의 범위도 이와 비슷하다. 따로 법으

중소기업창업 지원법 시행령

제4조 [창업에서 제외되는 업종]

① 법 제3조 제1호 단서에서 "대통령령으로 정하는 업종"이란 다음 각 호의 기준을 모두 갖춘 업종을 말한다. 이 경우 업종의 분류는 한국표준산업분류를 기준으로 한다.

1. 금융 및 보험업으로서 정보통신기술을 활용하여 금융서비스를 제공하는 업종을 그 주된 업종(「중소기업기본법 시행령」 제4조에 따른 주된 업종을 말한다. 이하 이 항에서 같다)으로 할 것
2. 그외 기타 여신금융업을 주된 업종으로 하지 아니할 것

② 법 제3조 제3호에서 "대통령령으로 정하는 업종"이란 다음 각 호의 어느 하나에 해당하는 업종을 말한다. 이 경우 업종의 분류는 한국표준산업분류를 기준으로 한다.

1. 숙박 및 음식점업(호텔업, 휴양콘도 운영업, 기타 관광숙박시설 운영업 및 상시근로자 20명 이상의 법인인 음식점업은 제외한다)
2. 무도장운영업
3. 골프장 및 스키장운영업
4. 기타 갬블링 및 베팅업
5. 기타 개인 서비스업(그외 기타 개인 서비스업은 제외한다)
6. 그 밖에 제조업이 아닌 업종으로서 중소벤처기업부령으로 정하는 업종

로 명시하고 있지는 않지만 대학은 공공성을 띠고 있는 비영리기관이므로 협력할 수 있는 범위가 조금 더 제한될 수도 있다.

때에 따라서는 각 대학이 가지고 있는 특수성(예를 들어 예술·문화가 특화된 대학에서는 IT/BT(Bio Technology: 생명공학기술)와 같은 과학기술 분야 사업과의 산학협력이 어려울 수 있다)으로 인해 산학협력이나 R&D의 범위가 제한되기도 한다. 하지만 최근에는 정부와 대학에서 '기술 융합', '융

복합 사업', '기술 패키징'과 같은 용어를 사용하면서 업종의 경계를 넘어 융합을 통한 시너지 효과를 내는 데 초점을 맞추고 있다.

그러면서 대학의 연구 내용도 점차 예술에 기반한 기술, 그 기술을 통해 표현하는 예술 등 분야를 넘어 서로에게 필요한 장점들을 가져다 쓰는 방향으로 진화하고 있다. 내가 있는 곳에서도 2011년 지식융합학부에 아트&테크놀로지 전공이 생기면서 기존 전공과는 달리 학문 간의 경계를 뛰어넘고 인문학 기반의 상상력과 스토리텔링을 통해 문화예술적 감수성을 표현하는 등 한국형 스티브 잡스의 탄생을 기대하고 있다.

산학협력도 관련 법이나 학교 규정과 같은 큰 틀에서 문제가 되지 않는다면 누구에게나 가능성이 열려 있다. 혼자 하는 것보다 같이 할 때 생기는 시너지에 대한 믿음이 바로 산학협력의 시작이다. 얼마 전 스타트업 대표들이 모인 자리에서도 이런 질문을 받았다.

"대학 동문이 아닌데도 산학협력을 할 수 있나요?"

"우리는 기업부설연구소 같은 R&D 회사가 아닌데 산학협력을 할 수 있나요?"

난 바로 즉답했다.

"물론 당연히 됩니다. 할 수 있습니다."

더 큰 기업이 되기 위한 발판

R&D는 멀리 있는 것이 아니다. 아직도 인공지능과 로봇을 연구하는 것만이 R&D라고 생각하는 스타트업, 중소벤처기업들이 많다는 것을 새삼 느낀다. 그러나 점차 다양한 기술이 융합되면서 분야 간 경계가 사라지고 있는 요즘에는 어떤 기업이라도 R&D를 시도해볼 수 있다.

조금 더 많은 사람이 대학의 산학협력을 통해서 R&D를 접하게 되면 그로 인해 좋은 특허나 저작권, 기타 창작물 등이 나오게 된다. 이러한 특허나 저작권 등이 다시 사업에 적용되어 나온 결과물들이 사업을 향상시키는 훌륭한 밑거름이 될 수 있다. 그렇게 해서 발생하는 기업 수익의 일부를 다시 제품의 질을 높이고 서비스를 개선하는 R&D에 재투자하는 것, 이것이 바로 정부와 대학이 생각하는 R&D를 통한 선순환 시스템이다.

모두가 그렇게 될 수는 없겠지만 이제 막 시작하는 스타트업들이 작은 것부터 하나하나 대학과 함께 만들어가고 또 시행착오를 겪다 보면 중소기업에서 중견기업이 되고, 언젠가는 우리나라 경제성장의 주축이 되는 대기업으로 성장할 수 있는 발판이 되리라 믿어 의심치 않는다.

Tip 창업자와 초기 창업자 구분

일부 경진대회나 정부 R&D 사업 프로그램 중 '예비 창업자 또는 초기 창업자'가 자격 요건인 경우가 있다. 이에 대해서 창업자들로부터 창업자와 초기 창업자에 대한 구분이 무엇이냐는 질문을 종종 받는다. 이 또한 법에서 정의하고 있다.

중소기업창업 지원법

제2조 [정의] 이 법에서 사용하는 용어의 뜻은 다음과 같다.

1. "창업"이란 중소기업을 새로 설립하는 것을 말한다. 이 경우 창업의 범위는 대통령령으로 정한다.
2. "창업자"란 중소기업을 창업하는 자와 중소기업을 창업하여 사업을 개시한 날부터 7년이 지나지 아니한 자를 말한다. 이 경우 사업 개시에 관한 세부 사항은 대통령령으로 정한다.

   2의2. "재창업자"란 중소기업을 재창업하는 자와 중소기업을 재창업하여 사업을 개시한 날부터 7년이 지나지 아니한 자를 말한다. 이 경우 사업 개시에 관한 세부 사항은 대통령령으로 정한다.

   2의3. "초기 창업자"란 창업자 중에서 중소기업을 창업하여 사업을 개시한 날부터 3년이 지나지 아니한 자를 말한다.

03 UNIVERSITY RESEARCH & DEVELOPMENT

산학협력 전문 서포터즈를 활용하자

"과장님, 오늘 추천해드릴 기업은 ○○주식회사인데요. 산학협력을 필요로 하는 회사입니다. 한번 만나보시면 어떨까요?"

대학에서 직접 도움이 필요한 기업을 찾는 경우도 많지만 이렇게 외부 관련 기관을 통해서 대학의 손길이 필요한 기업들을 추천받는 경우도 많다.

산학협력을 하려면 기본적으로 좋은 기업들을 많이 알고 여러 네트워크 채널을 보유하고 있어야 좋은 성과를 낼 수 있다. 그래서 외부 기관이나 전문가들의 도움 없이는 이런 일들을 진행하기가 힘들다.

대학 내 서포터즈를 이용하라

대학에는 산학협력단과 관련된 기관들이 많은데, 그중에서 가장 가까운 곳에서 도움을 주는 전문기관으로는 특허사무소 또는 특허법인의 변리사들이 있다. 이 기관들은 특허를 출원하고 관리하는 업무 이외에도 특허를 통한 기술사업화까지 업무영역을 확대해서 대학과 협력하고 있다. 그러므로 주변 변리사에게 특허와 관련된 내용을 상담하거나 의뢰할 때 관련 대학 정보도 함께 문의한다면 훨씬 대학에 접근하기 용이할 것이다.

그 밖에도 대학과 함께 기업을 돕는 기관으로 산업통상자원부에서 인가하는 기술거래기관과 사업화전문회사가 있다. 보통 한 기관이 두 가지 자격을 동시에 수행하는 경우가 많으며, 기술이전, 기술사업화 서비스를 주로 제공한다.

특히 이런 기관들은 대학 또는 정부 출연 연구소의 특허와 기술을 이전할 수 있도록 돕는 중개자 역할을 하기 때문에 많은 대학이 기업을 만나고 기업과 함께 R&D와 기술사업화를 할 수 있는 네트워크 확장에 큰 역할을 하고 있다.

정부에서 지정한 기술거래기관과 기술사업화전문회사는 전국에 배치되어 있으며, 자세한 정보는 한국산업기술진흥원, NTB기술은행 홈페이지(www.ntb.kr 화면 상단 메뉴에서 'NTB네트워크'로 들어가면 된다)에서 확인할 수 있다.

정부의 산학협력 설명회

그리고 이런 관계기관뿐만 아니라, 최근에는 정부에서도 직접 정부산하기관인 한국연구재단(NRF 홈페이지 www.nrf.re.kr), 한국산업기술진흥원(KIAT 홈페이지 www.kiat.or.kr), 과학기술일자리진흥원(COMPA 홈페이지 www.compa.re.kr) 등을 통해서 대학의 특허와 기술들을 분야별, 대학별로 모아 설명회, 세미나 등 다양한 행사들을 하고 있다. 해당 사이트에 들어가 보면 다양한 정보를 한눈에 볼 수 있을 것이다.

한 가지 예로, 다음 페이지의 기술 설명회·기술이전 상담회는 매월 마지막 수요일에 대학들의 기술을 분야별로 모아 무료로 참가할 수 있도록 정기적으로 개최하는 행사다. 기업들이 자유롭게 참석하여 기술 상담을 할 수 있도록 오프라인으로 기술마케팅을 하고 있다.

또한 정부에서는 개별적으로 관리되는 각 대학의 특허와 기술에 대한 정보를 수집하여 온라인에 사이트를 구축해놓았다. NTB기술은행 홈페이지(www.ntb.kr)에서는 가입된 대학과 정부출연 연구소들의 기술을 손쉽게 찾아볼 수 있으며, 미래기술마당 홈페이지(http://rnd.compa.re.kr)도 다양한 최근 특허기술들과 관련 행사정보를 확인할 수 있도록 개편하여 온라인을 통해 대학의 기술을 만날 기회를 마련했다.

▲과학기술일자리진흥원 기술 설명회 · 기술이전 상담회 포스터

협력 기관과 함께 만들어가는 산학협력

과거 대학이라는 공간이 상아탑으로만 존재하던 시절에는 외부와 소통할 수 있는 채널이 많이 없었지만, 산학협력단이 만들어

지면서 조금씩 외부의 기업과 관련 기관들의 관계가 활발해지게 되었다.

정부에서도 대학이 혼자만 기업을 지원하고 협력하기를 바라는 것은 아니다. 대학이 산학협력의 전진기지 역할을 하면서 주변 협력 기관들과 함께 더 많은 시너지 효과를 낼 수 있도록 하는 것이 산학협력의 궁극적인 목표이며, 이를 위해 정부에서도 많은 지원과 투자를 하는 추세다.

이렇게 산학협력에 필요한 전문 서포터즈들을 잘 활용하면 대학과의 네트워크도 확장되고, 기업 운영에도 큰 도움이 될 것이다.

Tip 산학협력단과 직무발명

대학의 특허와 관련해서 일반인에게 잘 알려지지 않은 정보 중 하나는 '대학에서 교수들이 발명하는 특허는 교수 개인 명의 또는 학교법인 명의로 특허를 낼 수 없다'는 것이다.

2003년 9월 「산업교육진흥 및 산학협력촉진에 관한 법률」이 시행되면서 대학 내에 산학협력단이 만들어지고, 이에 따라 대학의 모든 특허는 산학협력단 명의가 되도록 규정되었다. 즉, 대학에 소속된 교수나 교직원과 같은 직원이 특허를 발명하면 일차적으로 산학협력단 명의로 권리가 귀속되며, 소속 직원은 발명자로 남게 된다는 것이다. 이를 '직무발명'이라고 한다. 그러므로 실제 특허에 대한 권리는 해당 대학교 산학협력단이 갖게 된다.

그래서 기업이 관심 있는 대학의 어떤 특허를 이전받기를 원하거나 사용하려 할 때 기업에서는 대학에 '기술이전'이라는 것을 요청하게 되는데, 이럴 때도 'ㅇㅇ대학교 산학협력단'이 특허에 대한 권리를 가지고 있으므로 학교가 연구자(교수)를 대신하여 기술이전 계약이나 권리양도 계약 등을 체결한다.

그 외에 대학에 필요한 자문이나 용역을 의뢰할 때도 해당 대학의 산학협력단에서 일을 도맡아 하는 경우가 많으므로, 기업에서 대학과 함께 무엇인가를 하고자 할 때는 산학협력단으로 연락하는 것이 좋다.

04 UNIVERSITY RESEARCH & DEVELOPMENT

제2의 액셀러레이터, 산학협력단

"산학협력단이요? 들어는 본 것 같은데, 그게 정확히 뭔지는 잘 모르겠어요."

'산학협력단'은 이쪽 분야에 대해 잘 모르는 사람들은 생소하게 생각하는 말이다. 심지어 최근 창업한 사람들도 모르는 경우가 태반이다.

예전에는 대학이 기업과 협력할 수 있도록 지원하는 곳이라고 설명하곤 했었다. 하지만 요즘은 산학협력단의 역할이 점차 확장되고, 인력들이 전문화되면서 한 단어로 짧게 설명하는 일도 종종 생기게 되었다.

"산학협력단은 제2의 액셀러레이터(Accelerator)입니다."

스타트업을 위한 도우미

액셀러레이터는 자동차에서 가속도를 높여주는 페달 장치를 말하는데, 창업 관련 분야에서는 초기 창업기업을 발굴해 엔젤 투자(Angel Investment), 사업 공간, 멘토링 등 종합적인 보육 서비스를 제공하는 창업 촉진 전문회사나 기관을 의미한다. 여기서 엔젤 투자란 개인 투자자들이 돈을 모아 벤처기업에 자금을 제공하고 그 대가 로 기업의 주식을 받는 투자를 말한다.

'액셀러레이터'는 요즘 스타트업과 함께 창업 관련 분야에서 자주 통용되는 용어다. 최근에는 정부 차원에서도 그 필요성을 인식하고 있어 액셀러레이터와 관련된 법령도 만들어지고 있다.

창업진흥원에 따르면 2017년 3월 말 중소벤처기업부에 등록된 액셀러레이터는 76개 이상이며 계속 늘어나는 추세다. 스타트업의 창업 수에 비하면 턱없이 부족하지만 단계적으로 늘리고 있는 모습이다.

그렇다면 액셀러레이터가 뒤늦게 등장하게 된 이유는 무엇일까? 그 이유는 스타트업의 기업현황을 보면 알 수 있다. 2010년부터 창업 5년 이하의 신생 기업 수는 2만 개를 넘어섰다고 한다. 하지만 우리나라 스타트업 중 자립한 스타트업의 생존비율은 38%밖에 되지 않는다고 한다. 성공은 고사하고 생존하기도 힘든 상황이 우리나라 스타트업의 현주소이다.

출처: '스타트업 생존율을 높이는 액셀러레이터의 역할과 중요성', 〈중소기업중앙회 행복한 중기씨 Blog〉, 2017. 8. 14.

액셀러레이터와 컴퍼니 빌더

액셀러레이터가 늘어나는 이유에는 여러 가지가 있겠지만 크게 두 가지로 볼 수 있다.

첫 번째로 초기 창업단계에서 죽음의 계곡을 넘지 못하고 실패하는 기업이 많다는 점, 두 번째로 이런 죽음의 계곡을 넘을 수 있도록 과거 정부에서 다양한 지원 프로그램과 자금을 투입했지만 효과적으로 자원이 고르게 분배되지 못한 점을 들 수 있다.

이처럼 스타트업에게 투자, 공간, 자금들이 중복되거나 편향되게 지원되었던 부분들을 개선하고 여러 문제점을 극복하기 위해 액셀러레이터나 컴퍼니 빌더(Company Builder)가 등장하게 되었다.

컴퍼니 빌더와 액셀러레이터는 다음과 같은 차이가 있다.

컴퍼니 빌더는 아이디어 개발부터 시작해서 함께 회사를 설립해 스타트업이 본 궤도에 오를 때까지 운영하며 도움을 주는 회사를 말한다. 얼핏 보면 액셀러레이터와 비슷하지만 액셀러레이터는 이미 설립된 스타트업을 3개월 내외의 짧은 기간 동안 적은 금액을 투자해 성장시킨 뒤 벤처캐피털(VC)투자를 유치하는 일종의 '스타트업 훈련소'에 비중을 두고 있다.

출처: '컴퍼니 빌딩?...스타트업에게 혁신 배우려는 韓대기업의 선택!', 〈인터비즈 블로그〉, 2018. 7. 4.

점차 다양해지는 액셀러레이터

액셀러레이터의 형태도 다양하다.

일반적으로 민간 영역의 컨설팅 기관이 일정 요건을 갖추고 등록하는 경우가 많지만, 최근에는 대기업도 자체적으로 스타트업을 지원하는 방법으로 액셀러레이터 역할에 자원하고 있다.

혁신하기 쉽지 않은 대기업이 스타트업과 상생하기 위하여 액셀러레이터나 컴퍼니 빌더를 만드는 것이다. 대표적인 대기업형 액셀러레이터인 '롯데액셀러레이터'는 자체적으로 운영하는 엘캠프(L-CAMP) 프로그램을 통해 잠재력 있는 스타트업을 선정한다.

이 프로그램에서는 사무 공간 지원은 물론이고 2~5천만 원의 지분 투자, 롯데그룹 계열사와의 협업 및 후속 투자 유치, 베트남 실리콘밸리와의 양해각서(MOU) 체결 등을 통한 글로벌 진출 등을 지원하고 있다.

2018년 한 기수에만 600개 이상의 스타트업이 지원했다고 한다. 이런 대기업형 액셀러레이터는 상대적으로 경쟁도 치열하고 조건도 까다로운 편이다.

느리지만 아낌없이 주는 나무

제2의 액셀러레이터인 대학의 '산학협력단'은 대기업형 액셀러레이터보다 조금은 덜 치열하고 대학마다 개성 있는 역량과 지원체계를 가지고 아래와 같이 스타트업을 돕고 있다.

① 창업보육센터라는 공간 지원 인프라

② 대학이 보유한 특허와 노하우를 기반으로 한 기술협력

③ 정부 R&D 사업을 연계한 자금 지원

④ 교수를 활용한 전문 멘토링

⑤ 데모데이 등을 통한 투자 유치 지원

이외에도 대학은 다양한 방법으로 액셀러레이터나 컴퍼니 빌더의 역할을 하고 있다.

최근에는 몇몇 대학이 산학협력단을 액셀러레이터로 등록해 적극적으로 스타트업을 지원하고자 나서는 모습도 볼 수 있다. 물론 대학은 비영리적 목적으로 산학협력단을 운영하고 있기 때문

에 민영 회사인 액셀러레이터나 컴퍼니 빌더보다는 아직 전문성이나 역량이 부족할지도 모른다. 또 행정절차를 따르다 보니 일반 액셀러레이터보다는 다소 더디고 느릴 수도 있다.

하지만 대학만이 가지고 있는 창업 지원에 대한 오랜 경험과 노하우, 해당 대학이 보유한 특허, 논문, 연구정보 등은 모두 산학협력단에서 관리하고 있다. 따라서 기술을 필요로 하는 예비 창업자나 기존 창업자, 또는 기술이 있지만 추가 개발, 업그레이드가 필요한 창업팀들은 오히려 대기업형 액셀러레이터를 이용하는 것보다 더 적합한 지원을 받을 수도 있다.

기업을 위한 진정한 액셀러레이터, 산학협력단

산학협력단을 이용하면 초기 창업기업은 대학에서 교수를 만나 기술적 문제를 쉽게 해결할 수 있다. 또한 창업 전에 장기간 R&D를 통해 미리 타당성을 검증해야 하는 아이템으로 사업을 준비하는 팀도 대학을 찾아가는 것이 도움이 된다.

요즘 투자기관들이 많아지고 지원기관들이 늘어나면서 투자나 지원을 받을 때 스타트업의 창업 지분을 일정 비율 납부하게 하는 방식이 점차 늘어나고 있다. 생각했던 것보다 높게 요구하는 곳도 종종 있다고 한다.

단순히 투자자의 규모와 금액으로 파트너를 선택하지 말고, 역량과 지원 프로그램 등도 함께 확인해보아야 한다. 사업이라는 출발선에 서 있는 이들에게 진정한 액셀러레이터의 역할은 그 어원에서 나타나듯이 자동차를 힘차게 뻗어 나갈 수 있게 페달의 역할이 되어주는 것이다.

05 UNIVERSITY RESEARCH & DEVELOPMENT

산학협력의 새로운 패러다임에 도전

고등학생 시절, 텔레비전에 나오는 창의적이고 독특한 발상의 광고들을 보면서 '카피라이터'를 꿈꾸었던 적이 있었다. 그러나 현실은 늘 그렇듯 관심만 가졌을 뿐, 결국 그 일을 업으로 삼지는 못했다.

하지만 오랜 시간이 지나도 마음 한구석에는 언제나 광고 카피라이터에 대한 아쉬움이 있었다. 그러던 어느 날 교수 한 명이 산학협력단으로 연락을 해왔다.

"제가 연구실에서 개발한 기술이 있는데, 자동차 회사와 같이 일하던 중 광고 회사와 작업을 검토하게 되었습니다."

그 기술은 우리가 듣는 음악을 진동으로 변환하는 기술로, 주로 청각 장애인을 위한 장치를 만드는 데 필요한 기술이었다. 실제 자동차 시트에 이런 기능을 적용하지는 못하지만, 장애인을 위한 프로젝트의 하나로 기술을 활용하기 위하여 연구실과 함께 프로젝트를 만들게 되었다고 했다.

콘텐츠로서의 기술

그렇게 해서 만들어진 것이 '뮤직시트'다. 이 뮤직시트는 청각 장애인들이 음악을 몸으로 느끼고 체험할 수 있도록 음원을 진동 센서와 진동 스피커에 연결하여 만든 장치다.

이 장치가 광고 회사의 눈에 띄어 자동차 회사의 캠페인 광고 아이템으로 활용하게 되었고, 그 교수는 이때 필요한 기술이전 계약을 위해 산학협력단으로 연락을 취한 것이었다.

다른 기술이전보다 다소 오랜 기간이 소요됐고, 처리하는 과정에서 계약서상 문제가 되는 조항들이 있었지만 다양한 각도에서 검토하고 대안을 찾는 회의를 거쳐 결국 교수도 만족하고 광고 회사도 동의하는 계약서를 완성하게 되었다. 그런 과정을 통해 장편의 공공 캠페인 광고를 만드는 데 도움이 되었다.

예전부터 산학협력단에서는 주로 전자, 기계, 바이오 등 이공계 분야에서 교수들이 발명한 특허와 노하우를 중심으로 한 기술이전 계약을 다루었다. 그래서 이전에 함께 기술이전했던 기업들도 주로 IT 기업이나 제조, 전자 분야 기업들이었기 때문에 광고 회사를 업무 파트너로 만나게 된 것은 생소하면서 신선했다.

이전까지는 대학에서 산학협력 담당자로 일하면서도 기술이전 업무는 어디까지나 기술 기반 기업이거나 기술과 관련이 있는 기업을 대상으로 해야 한다고 생각했었다. 그런데 이번 일을 통해서 기술이전 업무의 새로운 패러다임 전환을 시도해볼 수 있었다.

이는 중소벤처기업이나 스타트업 입장에서도 생각해볼 만한 사례다. 광고 회사가 뮤직시트를 직접 팔기 위해 대학을 선택한 것은 아니다. 그 기술의 가치를 하나의 콘텐츠로 인정하고 기술료를 지불한 것이다. 이처럼 대학의 기술이나 특허를 하나의 콘텐츠로 활용할 수 있는지 검토해보면 예상외로 다양한 아이디어가 나올 수 있다.

많은 전문가는 21세기 성장동력으로 '문화 콘텐츠'를 꼽으며 그 중요성을 이야기하고 있다. 교육계에서는 교육 콘텐츠, 과학기술계는 과학 콘텐츠, 문화계는 문화 콘텐츠의 육성을 공언하고 있다.

콘텐츠는 상상력을 통해서 무한한 가치를 만들어낸다. 무한한 상상력의 실마리를 이렇게 대학에서 찾아보는 것은 어떨까?

잠자고 있는 특허를 찾아라

우리나라 대학에서 나오는 공식적인 특허의 개수만 해도 매년 수천에서 수만 건이다.

그러나 이렇게 많은 대학의 특허와 기술들이 실제로 기업에

| 최근 5년간 해외 특허 출원/등록 추이 |

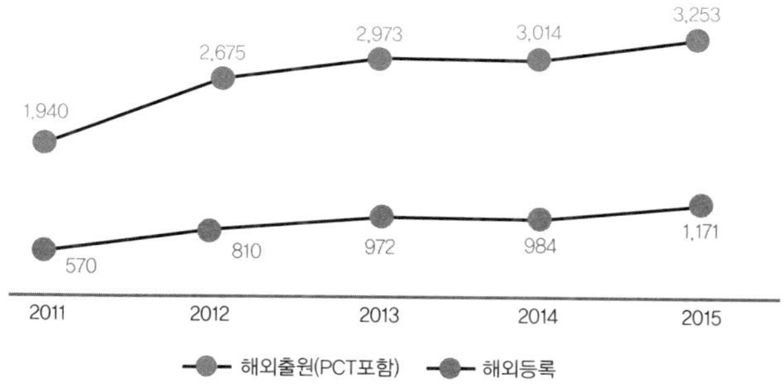

| 최근 5년간 국내특허 출원/등록 추이 |

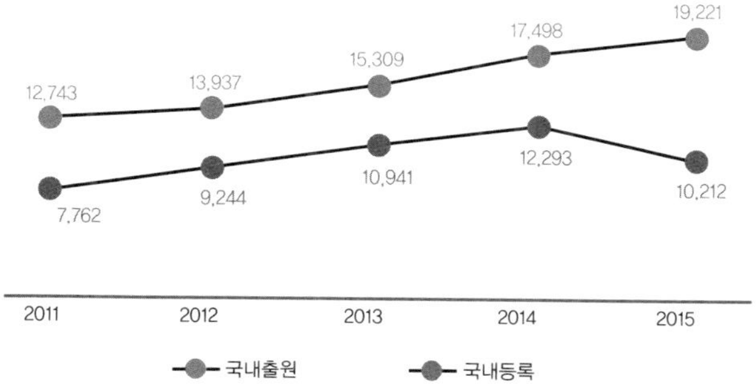

출처: '2015 대학 산학협력활동 조사보고서(전국 424개 대학 대상)', 교육부/한국연구재단, 2016. 12. 16.

이전되고 사업화 기술로 활용되는 경우는 적은 편이다. 이유는 여러 가지가 있겠지만, 가장 큰 이유는 대학의 특허와 기술이 현재 시장에 바로 적용될 수 있는 상태가 아니라 앞으로 더 많은 연구와 실험을 통해서 완성되어야 하는 단계에 있기 때문이다.

그런 기술을 선별해서 앞서 광고에 사용된 콘텐츠처럼 적용해 본다면 광고라는 매체는 파급 효과가 크기 때문에 기술 자체로의 마케팅 효과도 분명히 있을 것이다.

▲뮤직시트 홍보 자료(https://www.facebook.com/AboutHyundai)

뮤직시트 캠페인 광고가 나가자 SNS를 통해 5만 명의 응원이 모였고, 덕분에 전국 10개 농아학교에 5개의 뮤직시트를 기증할 수 있게 되었다. 또한 조용필, 인순이 같은 유명가수의 참여로 그들의 콘서트 맨 앞자리에 뮤직시트를 설치하여 청각 장애인들도 콘서트를 즐길 수 있게 하는 등 뜻깊은 이벤트도 진행할 수 있었다. 콘서트의 수익금은 다시 좋은 곳에 쓰였다고 한다.

이런 것이 산학협력의 아름다운 선순환 모델이 아닐까.

뮤직시트는 기술을 이용한 광고를 통해 사람들의 마음을 움직이게 했다. 돈을 벌기 위해 기술을 활용한 것이 아니라, 기술을 콘텐츠로 전환함으로써 기술의 가치를 새롭게 재창출하는 기회를 만들어 낸 것이다.

이런 사례들이 점점 많아진다면, 기술개발자조차 미처 몰랐던 그 기술의 가치와 의미를 새롭게 만들 수 있을 것이다.

06 UNIVERSITY RESEARCH & DEVELOPMENT

산학협력만이 정답은 아니다

대학과 기업이 만나서 서로에게 도움이 되는 결과를 만들어내기 위해 지금도 많은 대학의 교수, 연구자들과 기업의 대표, 기술책임자(Chief Technical Officer, CTO)들이 만남과 헤어짐을 반복하고 있다.

그러나 기업이 기술적으로 대학과 딱 맞는 비즈니스를 하고 있다고 하더라도, 대표의 성향과 기업이 추구하는 방향이 대학과 맞지 않으면 산학협력은 어려울 수 있다.

그런데도 간혹 산학협력을 무리하게 진행하다가 낭패를 보는 경우가 종종 있다.

미용용품 기업과의 R&D

한번은 미용용품을 개발하는 기업이 대학 홈페이지를 통해 제품의 성능을 높일 수 있는 기술을 찾다가 우리 대학으로 문의를 하여 기업을 방문한 적이 있었다.

▲서강대학교 기술 검색 사이트 서강테크닷컴

"이 특허가 저희가 찾던 기술입니다."

"이 기술을 적용해서 부가가치를 높이면 1만 원짜리 제품을 2만 5천 원까지도 팔 수 있을 것 같아요."

대표는 드디어 기존 제품에 필요한 기술을 찾았다며 기뻐했다. 이 기업은 국내 화장품 시장과 미용 시장의 한계를 느끼고, 자체 브랜드를 만들어 외국에서 먼저 반응을 보기 위해 미용 아이템을 준비 중이었다.

기업이 적극적인 자세로 필요한 기술을 알아서 찾아준 덕분에 교수와의 미팅과 기술이전까지 일사천리로 진행되었다. 교수 역시 그 제품에 특허를 적용할 수 있다고 판단해서 그동안 연구실에서 축적한 데이터와 경험을 토대로 기술의 상용화 가능성을 설명해주었다.

명확하게 개발 주제가 정해진 뒤 R&D가 시작되었고 1년 정도로 연구개발 기간을 잡았다. 기업에서도 중간중간 교수와 미팅을 통해 진행 상황을 모니터링하며 제품 출시 의지를 불태웠다.

함께 고민하는 자세

그렇게 몇 개월이 지나고 개발이 거의 완성단계에 가까워지던 어느 날 교수가 급하게 회의를 소집했다. 나는 기업 대표와 함께 회의에 참석했다가 귀를 의심하게 하는 말을 들었다.

"생각처럼 실험 결과가 잘 안 나왔습니다. 처음에는 문제없을 것 같았는데, 아무래도 시간이 더 필요할 것 같습니다. 죄송하게 되었습니다."

물론 대학의 연구가 모두 성공하고 모두 사업화되는 것이 아니다. 하지만 이번 케이스는 그 기업 제품에 적용하기 위해 기술 적용 전 단계까지 이미 대량생산이 진행된 상황이었고, 새로운 기술이 완성되기를 기다려 바로 적용만 하면 되는 막바지 단계였던 것이다.

당황스러운 사태였지만, 가능한 한 빨리 문제를 해결할 방법을 찾기로 했다. 교수와 함께 더 많은 고민을 하고 연구를 하면서 기업에 각종 자금 프로그램과 정부 R&D 사업 신청을 지원하고, 경진대회 참여 등을 통해 기업이 다시 도약할 기회를 만들기 위해 노력했다. 하지만 유감스럽게도 이후로도 그 기술을 완성하지는 못했다.

대학과 기업이 손을 잡고 함께 사업을 한다는 것이 어쩌면 항상 옳은 방법은 아닐 수도 있다. 대학은 실험과 연구를 하는 교육기관이고, 기업은 이윤을 추구하는 곳이다.

본질이 다른 두 기관이 기술과 협력이라는 매개로 묶인다는 게 쉬울 수 없다. 대학이 산학협력을 시작한 지는 이제 10년이 조금 넘었을 뿐이다. 때로는 틀리고, 잘 안되더라도 실수를 인정하고 함께 해결하기 위해 머리를 맞대는 자세가 필요하다.

· 6장 ·

산학협력에는 경계가 없다

01 UNIVERSITY
RESEARCH & DEVELOPMENT

기업과 대학이 함께하는 R&D의 힘

전통적으로 미국이나 유럽에서는 자동차 산업을 시작하기 위한 한 국가의 기본 인구를 1억 명 이상으로 본다. 자동차 산업은 초기 내수시장이 활성화되어야 수출을 통해 산업을 성장시킬 수 있기 때문이다.

그래서 모두가 한국은 자동차 산업이 불가능하다고 말했다. 하지만 현재 한국은 전 세계에 몇 안 되는 자동차 자체 생산 국가 중 하나다. 그 이유는 무엇일까?

외국에서는 자동차 산업의 기본적인 판단 기준이 되는 자동차 소비패턴 주기를 1대당 10년으로 보았다. 자동차를 한 번 구매하면 10년 이상 사용했던 유럽이나 미국 사람들 기준에는 1억 명 이상의 인구가 있어야 자동차 산업을 유지할 수 있다고 생각했던 것이다.

하지만 우리나라는 초기 자동차 산업을 시작할 당시 4천만 명밖에 되지 않는 인구임에도 자동차 산업을 일으킬 수 있었다. 기존의 고정관념과 달리 우리나라에서 자동차 산업이 부흥할 수 있었던 가장 큰 이유는 우리나라 사람들의 자동차 소비패턴이 유럽이나 미국보다 짧은 데 기인한다고 한다. 따라서 자연스럽게 같은 기간대비 소비가 증가하게 되었고, 그에 따른 공급도 늘어나서 내수시장이 형성될 수 있었던 것이다.

한국인 고유의 소비심리가 자동차 시장에서는 새로운 패턴과 기준을 만든 것이다. 더불어 자동차 사용주기가 짧아지면서 최근 중고차 시장도 활성화되어 중고차 사업의 규모도 해마다 성장하고 있는 것도 볼 수 있다.

불가능을 가능으로

최근 창업 전성시대를 맞이하여 많은 학생과 일반인들이 저마다 본인이 생각한 사업 아이디어와 비즈니스 모델을 제시한다. 종종 열리는 창업 관련 경진대회나 행사에서도 수많은 사업 아이템들을 접하게 된다. 평가 의견도 다양하다. 그러나 대부분 긍정적인 평가보다는 부정적인 평가가 다수를 이룬다.

물론 실제로도 불가능하거나 가능성 없는 사업 아이디어들이 있겠지만, 위의 자동차 사례에서 보듯이 실제로 경험해보지 않고서는 누구도 예측할 수 없다.

그런데 많은 아이디어가 불가능해 보이고 당황스러워 보인다는 이유로 쉽게 평가 절하되어 시작의 기회조차 누리지 못하고 묻혀 버리는 경우가 많다. 모두 거목이 될지도 모르는 새싹 같은 아이디어들인데 말이다.

그럴 때 '대학이 그 아이디어와 비즈니스 모델에 교수의 연구력을 더하면 어떨까?'라는 생각을 하게 된다.

그래서 대학의 산학협력 담당자로서 기업들의 사업 아이템 소개를 볼 때 그 아이템을 평가하기보다는, 어떻게 해야 불가능한 것을 가능하게 할 수 있을지 생각하면서 보는 경우가 많다. 어떤 사업 아이템을 제안하거나 발표할 때 어느 대학의 교수와 공동개발을 준비 중이라고 하면 하찮게 보이던 사업 아이템에 생명력이 생길 수 있기 때문이다.

그것을 기반으로 정부에서 지원하는 R&D 지원 사업을 준비하면서 사업 타당성을 보강하고 실제 사업의 비즈니스 모델을 세워볼 수도 있을 것이다. 그것이 대학과 함께 할 때 만들어지는 R&D의 힘이다.

위기를 기회로

한번은 최근 늘어나고 있는 일반인들의 투자 심리를 통해서 올바른 투자 문화를 만들기 위한 기업을 만나게 되었다. 이 기업의 사업 모델은 부담 없는 소액으로 다양한 투자 아이템들을 만들어서 고객들에게 소액의 수익을 맛볼 수 있게 해주는 앱 형태의 서비스였다. 처음에는 생소하게 느껴졌지만, 이 기업에서 선보이는 재미있는 투자 아이템을 보면서 생각을 전환해보았다.

예를 들면 고객들에게 '크리스마스에 눈이 온다', '안 온다'에 각각 1천 원을 포인트로 투자할 수 있게 한다거나, '인공지능 컴퓨터와 가위바위보 게임을 해서 누가 이기는지' 예측하게 하는 등 한 번쯤 재미로 할 수 있는 아이템들을 만들어내는 것이다. 처음에는 투자 아이템을 새롭게 만들거나 기능적인 부분만을 추가하려고 했다. 하지만 R&D의 주제도 새롭게 만들어보는 건 어떨까 싶어 기업과 논의를 통해 인문학 관련 연구를 찾아보기로 했고, 고심 끝에 심리학과 교수와 함께 투자에 대한 R&D 주제를 잡고 진행하게 되었다.

이 기업은 현재 대학에 연구실을 두고 사업을 수행하고 있으며, 기업의 가치는 꾸준하게 성장하고 있다.

고난을 넘어 성장의 길로

물론 대학과 함께한다고 항상 좋은 결과만 있는 것은 아니다.

앞서 이야기한 클레슨은 글로벌 기업을 꿈꾸며 온라인을 통해 음악 레슨과 음악 평가 등 수준 높은 강습을 받을 수 있게 하는 콘셉트를 가지고 있다. 아직 이렇다 할 R&D를 시작하지는 못했지만 대학과 함께 협력 방안을 찾기 위해 학교를 지속적으로 찾아와 주었기에 원래 사업 아이템과 다른 내용이지만 서브 사업 아이템에 대한 R&D 주제로 가볍게 프로그램을 만들어보기로 했다.

또 다른 어려움을 겪었던 경우로, 대학과 협력하기 위해 정부 R&D 사업도 지원을 받고 교수의 특허를 이전받아 사업에 적용하려 노력했으나, 양산 과정에서 대량생산에 기술을 적용하기에는 연구실의 경험과 데이터가 부족해 실패한 경우도 있었다. 연구실에서도 이런 경험을 통해서 연구실의 결과와 실제 사업화에 적용할 수 있는 결과에는 차이가 있다는 것을 알게 되는 계기가 되었다.

이렇게 대학과 함께 협력과 지원을 통해 공동으로 기술을 개발하고 R&D 사업을 수행해도 실제 상용화에는 넘어야 할 장애물들이 너무나도 많다.

지금은 대학도 기업과 협력하고 지원하면서 함께 성장하는 중이다. 그래서 기업 입장에서는 대학과의 협력이 기대에 못 미치는 경우도 있을 것이다. 하지만 대학은 기업의 도움이 되려고 노력하면서, 기업의 가치가 쉽게 사라지지 않고 언젠가는 빛을 볼 수 있도록 지원하고 있다.

"성공은 끝이 있지만, 성장에는 끝이 없다"는 말처럼 이 책을 통해 당신의 기업이 대학과 함께 조금씩 성장하는 기회가 되었으면 한다.

02 UNIVERSITY RESEARCH & DEVELOPMENT

기술의 가치, 같이의 가치

"우리 회사가 그 특허를 사고 싶은데 얼마 정도 하나요?"

기업들이 산학협력 담당자에게 자주 물어보는 질문 중 하나다. 이렇게 특허를 거래하는 일을 보통 '기술이전'이라고 한다. 기술이전 업무는 쉽게 말하면 대학에서 교수들이 연구를 통해 만든 특허, 노하우 같은 유·무형적 결과물이 사장되지 않도록 그 기술을 필요로 하는 기업에 이전하는 것을 말한다. 산학협력단에서는 대학에 속한 교수들의 성과들을 기술이전과 같은 형식으로 직접 유지 및 관리하고 나아가 사업화로 이어질 수 있게끔 돕고 지원한다.

교수들의 연구는 R&D를 통해 지속적으로 수행되며, 그에 따른 연구성과들도 끊임없이 창출된다. 그러한 대학의 연구성과 가운데 산학협력단에서 기술이전을 담당하는 기술이전 전담조직(TLO)이 기업에 필요한 특허와 노하우 성과들을 데이터베이스화하고, 이렇게 만들어진 기술 데이터베이스를 기업에 연결한다. 이후 협상과 논의를 거쳐 기술이전 계약을 체결하게 된다.

바로 사업화가 가능하거나 미래 가치가 있는 기술일수록 기술이전 계약 시 기술료가 높게 측정된다. 또는 사업화를 위해서가 아니라 경영적인 측면이나 권리보호 등 기타 부수적인 목적에서 특허 기술료를 지불하고 기술을 이전받는 경우도 있다.

기업과 대학이 함께하는 기술이전

초창기 대학 산학협력 담당자로서 기술이전 업무를 할 때만 해도 기술이전은 상당히 고도하고 오랜 연구를 통해 나오는 특허 기술들만이 가치 있고 좋은 특허라고 생각했다. 그런데 점점 시간이 지나고 다양한 기업을 만나면서 다수의 기술이전 계약을 통해 깨달은 것이 있다.

좋은 특허와 좋은 기술이전이란 고도하고 깊은 연구를 통해 나온 특허나 기술일 수도 있다. 그러나 아직은 완성되지 않았더라도 아이디어의 원천이 참신하고 노하우가 숨어 있는 기술이 잠재된 가치는 더 좋을 수도 있다. 더 나아가 단순히 기술이 기업에 이전되는 것으로 끝나지 않고, 기업과 대학이 오랜 시간을 두고 함께 기술을 성숙시켜 궁극적으로는 기술과 기업이 하나가 될 수 있도록 하는 기술이전이 기업에 진정으로 도움이 될 것이다.

기술과 멀리 있는 기업이라면 R&D와 친숙해질 수 있도록 지속적으로 연구자와 소통하게 하고, 궁극적으로 기업 스스로 연구와 개발에 관심을 갖도록 하는 것, 그것이 바로 산학협력의 목적이며, '기술'의 가치보다 '같이'의 가치를 높게 평가하고 싶은 이유다.

기술만으로는 충분하지 않다

그동안 산학협력은 이공계 교수와 연구자를 중심으로 기술이전이 이루어졌고, 특허와 기술을 중심으로 R&D를 해왔다. 하지만 점차 기업의 니즈가 다양해지면서 경영학이나 인문학 교수들도 기업을 돕는 일이 많아졌다. 산학협력의 경계와 범위가 점차 사라지고 있다고 볼 수도 있다.

애플의 스티브 잡스가 건강상의 이유로 한동안 공개 행사에 나타나지 않다가 애플 아이패드2 행사에 나타나 세계 이목을 다시 집중시켰을 때의 일이다. 그는 프레젠테이션을 마치면서 이런 말을 했다.

"기술만으로 충분하지 않다는 것이 애플의 DNA다. 기술

(Technology)과 인문학(Liberal Art)을 융합하고, 하드웨어와 소프트웨어를 결합해야만 가슴을 울리는 결과물을 만들어낼 수 있다.”

이처럼 기술이전이라는 업무도 기술이라는 좁은 의미에만 한정하지 않고 대학의 인문, 사회, 경영 등 융합된 분야와 함께할 때 더 큰 의미의 기술이전 혹은 산학협력으로 발전할 수 있다는 것을 생각해봤으면 한다.

03 UNIVERSITY RESEARCH & DEVELOPMENT

한국형 산학협력으로 중소벤처기업 성장의 길을 열자

정부에서 지원하는 R&D 사업에 선정되어야만 회사의 성장과 성공에 도움이 되는 것은 아니다. 오히려 R&D 사업이라는 것을 알게 되고 대학과의 협력방안을 고민하면서 아이디어들을 새롭게 도출하는 과정 중에 회사의 사업 방향과 도전의식을 정교하게 다듬을 수 있다는 데 그 의의가 있다.

숨어 있는 맛집 발굴 플랫폼 개발 R&D

여기 4번째 정부 R&D 사업에 도전 중인 스타트업이 있다. 대학원에서 만난 40대 정 대표는 IT 업계에 종사하다가 홀로 창업을 결심한 경험 많은 사업가다. 그는 석사를 졸업하면서 쓰게 된 논문 주제를 바탕으로 특허도 출원하고, 실제 창업에도 활용했다.

정 대표는 최근 많이 늘어난 음식 주문 앱 서비스의 단점을 보완하여 각 음식점 사장님들에게 필요한 정보를 제공하고 프랜차이즈 시장의 문제점을 개선하자는 취지의 사업 아이템을 구상하고 있었다.

서비스 방식의 전환이 핵심이기 때문에 비즈니스 모델(BM) 특허를 통해서 사업전략을 구체적으로 준비했다. 기존 음식 주문 앱은 식당들이 앱에 등록해야 소비자들이 주문할 수 있었지만 정 대표의 아이디어는 소비자들을 통해서 숨어 있는 맛집을 발굴하는 플랫폼을 만드는 것이었다. 현실적으로 넘어야 할 장애물들이 많았지만 하나씩 풀어 나가보기로 했다.

우선 첫 번째는 연구자의 매칭이었다. 다행히 이미 정 대표가 대학원에 재학 중 지도교수와 실제 개발에 도움을 줄 수 있는 산학협력중점교수를 확보한 상태여서 연구자 매칭에는 큰 문제가 없었다.

두 번째는 기존 경쟁사가 많고 진입장벽이 높은 사업이기 때문에 작은 틈새를 파고들 수 있는 전략을 세우는 일이었다. 따라서 새롭게 만드는 서비스를 테스트할 수 있는 식당을 확보하고, 이들을 한 데 묶을 수 있는 시스템을 구축하는 데 추가 연구개발자금을 확보해야 했다. 이를 위해 대학에서 시작품 제작 프로그램을 지원하게 되었다.

정 대표는 이전 벤처기업을 창업한 경험은 있었지만, 산학협력이나 R&D 지원 사업은 처음 도전하는 터라 시작이 순조롭지 못했다.

중소벤처기업부, 산업통상자원부, 과학기술정보통신부에서 지원하는 사업에 부지런히 도전했지만 모두 탈락했다. 자체 특허도 보유하고 있었고 사업 경험을 바탕으로 확실한 비즈니스 방향도 갖추고 있었으나 그 내용이 발표에서 온전히 전달되지 못했다. 열심히 준비하는 모습을 옆에서 직접 봐왔기에 안타까움이 컸다.

한국 창업 생태계의 미래

처음에는 심사위원들의 부정적인 평가를 받아들이기 힘들어 보였지만, 지금은 정 대표도 필요한 의견을 받아들이는 자세를 갖추게 되었다. 작년부터는 대학에서 사무 공간을 지원받아 지금은 산학협력단과 같은 공간에서 필요할 때마다 회의한다. 최근 회의에서 접한 정 대표의 사업 구상과 사업 아이템의 잠재력은 이전과 확연히 달랐다. 정부 R&D 사업을 도전하는 과정에서 체득한 내

공이 느껴졌다. 사업계획서를 여러 번 작성해보면서 이전에는 다소 부족했던 사업의 개요와 목적 등이 새롭게 정립된 듯했다.

산학협력은 단순히 기업이 대학의 기술과 특허를 사용하는 것만이 전부가 아니다. 기업이 성장해가는 모습을 지켜보며 대학이 때로는 친구처럼, 때로는 엄마처럼 관심과 애정을 가지고 독려하면서 지켜봐준다면 한국형 산학협력이 무럭무럭 자라나 창업 생태계가 더욱 울창해질 수 있을 것이다.

맺음말

중요하고 소중한 기업이 중소기업이다

스타트업에게는 기술만 필요한 것이 아니다. 그래서 산학협력단에서는 기술 이외에도 다른 지원 방법과 프로그램을 만들고 실천해서 협력의 간극을 줄이려고 노력한다.

중소벤처기업이나 스타트업과 산학협력을 집중하다 보면 때로는 우수한 대학 기술을 높은 가치로 이전하지 못할 때도 있다. 하지만 다행히 많은 교수와 연구자들이 스타트업이나 중소벤처기업의 여건을 헤아려주는 '착한 산학협력'에 동참하는 사례가 많아지고 있다.

스타트업과 중소벤처기업이 창업 초기에 잘 성장할 수 있도록 대학이 먼저 손을 내밀고 이끌어주는 역할을 해야 한다. 그러기 위해서는 눈높이를 낮추고 그들의 삶에 들어가 함께 고민하고 공감할 수 있는 전문가가 필요하다. 기술 전문가, 투자 전문가, 사업화 전문가 같은 멘토들이 필요하듯이 대학에도 '착한 산학협력'을 위한 전문가들이 필요하다.

정부에서는 대학을 포함한 각종 지원 협회나 센터 등을 통해 스타트업을 지원하기 위한 분야별 전문가를 두고 지원 프로그램들을 운영하고 있다. 전문가들은 창업팀들에게 본인의 사업을 어떻게 운영해야 하는지 가이드를 해주고 멘토의 역할을 한다.

정부에서 지원하는 멘토링이 의무적이고 형식적으로 끝나지 않도록, 대학이 대학 자체의 성과보다 기업의 성장에 더 관심을 갖도록, 그리고 산학협력을 통해 현재의 가치보다 미래의 가치에 투자할 수 있도록, 보이지 않는 성과와 기업 대표자의 작은 감사에 보람을 느낄 수 있는 전문가들이 많아지기를 바란다.

우리도 아직은 부족한 산학협력을 하고 있다. 하지만 하나씩 천천히 만들어가는 중이다. 대학의 기술보다 기업의 기술에 관심을 가지고 함께할 수 있는 제도와 프로그램을 만들고, 산학협력단의 일원으로서 사무공간을 기업들과 함께 사용하면서 밤새 야근하는 스타트업 직원들과 빵 한 조각을 나누며, 주말에도 아침 일찍 출근한 대표들과 커피 한잔을 나누며, 무더운 여름 냉면 한 그릇에 더위를 식히며, 그렇게 작지만 함께 산학협력을 하나씩 만들어갈 것이다.

부록 1

R&D 사업계획서 구성 및 작성 팁

1. 기술개발의 개요 및 필요성

- 개발하려는 대상(기술 또는 제품)의 경제·산업적 중요성과 필요성을 중심으로 서술한다.
- 독창성, 신규성 및 차별성이 중요! 기존기술 및 글로벌 수준과의 비교치를 보여주면 좋다.
- 다른 기술에 대한 파급효과, 관련 기술의 국내외 기술개발현황 및 트렌드, 정부 정책 방향, 문제점 및 전망 등을 포함하면 내용이 풍부해진다.

2. 기술개발의 목표

- 개발 목표는 개발하고자 하는 기술의 내용을 최종산물(제품, 기술 등)로 함축하여 간략히 표현한다.
- 아래 성능지표 목표 및 측정방법의 '측정기관'은 기업 자체 측정보다는 외부 공인 인증기관을 활용하는 것이 좋다.

| 성능지표 목표 및 측정기관 |

주요 성능지표	단위	최종 개발 목표	세계최고수준 (보유기업/보유국)	가중치 (%)	측정기관
1. 예) 속도	㎥/min	15㎥/min 이상	25㎥/min(3M, 미국)	20	OOO시험연구원
2. 예) 소음	db	10db 이하	25㎥/min(3M, 미국)	15	OO대학교
3. 예) RF 출력	dBm	10dBm 이상	20dBm(보쉬, 독일)	25	OO표준원
4. 예) 편평도	㎛	0.5㎛ 이하	0.1㎛(노리다케, 일본)	10	수행기관 자체 측정

3. 기술개발의 방법 및 내용

- 개발 내용은 전체 개발하고자 하는 핵심기술 위주로 기존 제품(기술)과의 차별성 등 세부 개발 내용을 서술한다.
- 산학협력의 필요성을 중심으로 기업과 대학의 역할을 그림이나 도식화하여 표현하면 이해하기 쉽다.

4. 기술보호 및 신뢰성 확보계획

- 사업화를 위한 지식재산권(특허) 확보 및 회피전략을 서술한다.

5. 사업화 계획

- 관련된 시장현황과 경쟁사, 제품화 및 양산 이후 마케팅 계획까지 서술한다.
- 수출 계획은 수입 대체 효과도 강조하면 좋다.
- 고용에 대한 계획도 꼼꼼히 쓰는 것이 좋다.

※ 중소벤처기업부 산학연협력 기술개발사업 사업계획서 양식 참조

부 록 2

R&D 사업계획서 예시

〈과제명〉

'○○○○' 정보제공을 통한 맞춤형 O2O 서비스 플랫폼 기술개발

---

1. 기술개발의 개요 및 필요성

□ 광고 시장의 양극화 현상 심화

- 현재 국내 30만 중소기업, 벤처기업, 창업기업, 소상공인들은 자신들의 독자적인 기술력과 사업 노하우를 바탕으로 품질 좋은 제품과 서비스를 생산 판매하고 있음에도 불구하고, 다음과 같은 이유로 중소기업/소상공인들이 개발한 제품과 서비스에 대하여 광고가 원활히 이루어지고 있지 못함

① 고가의 광고 비용(TV, 라디오 등 미디어 매체 광고는 수천만원 이상)

- 대기업의 광고처 선점으로 중소기업 진입 불가

② 그 외의 저렴한 비용의 광고처에 대한 정보를 쉽게 접할 수 없음(지하철 및 스크린 도어 광고, 버스/택시 광고, 기타 옥외 광고 등)

- 미디어 매체 광고보다는 저렴하지만 광고 게시처에 대한 현황(공실/공란) 정보는 일반기업들이 쉽게 접할 수 없는 실정

□ 기술개발의 계기

- 광고를 게시할 수 있는 곳을 보유하고 있는 공급자(매체사)로부터 광고 게시처의 현황(공실/공란)에 대한 정보를 실시간(Real Time)으로 업데이트하여 수요자(중소기업/소상공인)에게 매칭·제공할 수 있다면, 수요자 입장에서는 보다 합리적인 조건으로 광고를 실시할 수 있고, 광고료가 부족한 중소기업들이 쉽게 본인들의 제품과 서비스를 광고/홍보할 수 있는 기회를 만들 수 있다는 것에 착안
- 10년간 광고대행사를 운영해 오면서 벤처기업협회 및 소상공인들의 국가 지원 홍보/광고 프로젝트를 진행하던 중 중소기업/소상공인에게 '비어있는 광고' 정보를 공급하는 플랫폼에 대한 수요가 있음을 확인하고 첫걸음 사업의 주제를 선정하여 신청
- 좋은 제품과 아이디어를 보유하고 있음에도 불구하고 중소기업의 광고 또는 홍보 부족으로 세상에 빛을 보지 못한 수많은 제품과 아이디어들을 보면서 제안하게 된 사업
- 이에 본 사업제안은 수많은 중소기업 및 소상공인들에게 저가의 광고 매체를 소개함과 동시에 궁극적으로 우수 제품과 아이디어를 소비자와 매칭하는 것임

□ 기술개발의 제안

- 본 제안은 광고 홍보를 원하는 수요자와 광고 게시처를 보유한 공급자가 상호 자유롭게 광고 정보를 공유하고 연결될 수 있는 온라인 매칭 플랫폼을 개발하는 것임
- 본사에서 오랜 기간 광고업에 종사하면서 실제 중소기업/소상공인들이 느끼는 광고에 대한 불편함을 바탕으로 누구나 쉽게 자사의

제품과 서비스를 홍보할 기회를 제공하고자 본 과제를 제안

- 개발하게 될 온라인 플랫폼에서는 1차적으로 본사가 보유하고 있는 다수의 광고 게시처 공급자(매체사)의 DB와 네트워크를 이용
- 온라인 플랫폼은 앱 또는 웹 형태로 제작할 계획이며, 초기에는 광고를 원하는 기업이 소액부터 시작해서 다양하게 광고처를 찾아볼 수 있게 금액별로 광고처 정보를 구성할 예정
- 거래량과 데이터량 및 수요자 요구에 따라 광고처의 정보를 추천해줄 수 있는 서강대학교의 데이터마이닝 기술을 활용하여 광고 수요자의 니즈에 맞는 맞춤형 정보를 추천하는 알고리즘을 통해 고도화 서비스를 제공할 계획

□ 기존 기술(제품)과의 차별성

- 현재 중소기업과 스타 비즈니스 매칭 플랫폼 서비스를 제공하고 있는 스타콜라보는 중소기업 매출 활성화와 해외 수출을 위한 플랫폼 사업을 진행 중이며, 구축된 플랫폼을 통하여 국내외 생산 아이템을 중심으로 생산/유통/마케팅을 지원하는 스타 마케팅 전문 컨설팅 기업으로 성장
- 현재 광고를 거래하는 온라인 플랫폼 서비스 기술은 전무하며, 기존의 광고 거래는 공급자 일방의 공급 채널에 수요자가 직접 서칭해서 찾아가거나 광고 대행사에 공급처를 의뢰하는 형식으로 한 방향 시장 거래가 이루어졌음
- 제안하는 플랫폼 서비스는 광고 수요자와 광고 게시처 공급자(매체사)가 서로 정보를 공유하고 매칭하는 양방향 서비스로 광고 시장의 활성화를 이끌 수 있음

• 광고 수요자는 실시간(Real Time) 광고 게시처 현황(공실/공란)을 확인할 수 있으며, 이를 통해 제품·서비스 광고 홍보를 할 수 있는 기회를 제공하고, 광고 게시처 공급자(매체사)에게는 비어있는 광고 시·공간을 최소화함으로써 상생할 수 있음

2. 기술개발의 목표

2-1. 최종 목표

□ 광고 수요자가 원하는 맞춤형 정보를 제공하고 광고 게시처 공급자(매체사)를 연결 · 매칭하는 온라인 플랫폼 서비스 개발

• 광고 게시처 공급자(매체사)와 수요자가 쉽게 접근할 수 있도록 웹/모바일 시스템 구축

• 실시간 광고 수요 및 광고 판매 현황을 입력하고, 실시간 수집 데이터를 처리·분석하는 스트리밍 프로세싱 기술 개발

• 실시간으로 수집된 데이터를 저장하고 처리하는 시스템 서버 구축

□ 데이터마이닝 기술을 활용하여 사용자의 제공 정보, 사용 검색 등을 통해 사용자 관심 사항을 패턴 학습하는 프로그램 개발

• 입력 정보 및 검색 정보를 바탕으로 학습을 통한 데이터 예측 및 유사하거나 가장 가까운 결과값을 제공하는 알고리즘 개발

• 데이터 학습 기술 기반 소프트웨어 개발

• 실시간으로 수집된 데이터 및 누적 데이터를 저장하고 빠르게 처리할 수 있도록 응답 속도 개선 프로그램 및 시스템 구축

2-2. 목표 달성도 지표

| 주요 성능지표 개요 |

주요 성능지표	단위	최종 개발 목표	세계최고수준 (보유기업/보유국)	가중치 (%)	측정기관
1. 추천 정확도	%	85	-	70	서강대 데이터 마이닝 연구실
2. 추천 속도	ms	100ms	-	30	서강대 데이터 마이닝 연구실

| 시료 정의 및 측정방법 |

주요 성능지표	시료정의	측정시료 수 (n≥5개)	측정방법(규격, 환경, 결과치 계산 등)
1. 추천 정확도	사용자 추천 이력 데이터	1,000개 이상	알고리즘에 의해 추천된 정보가 실제로 추천되었는지 비교
2. 추천 속도	추천 알고리즘		추천 알고리즘의 실행 속도

3. 기술개발의 방법

3-1. 산학연 협력의 필요성

□ 주관기관/공동개발기관의 공동연구 필요성

- 주관기관인 ㈜○○○○○은 수년에 걸친 광고 제작을 통해 습득한 광고 시장 영업 노하우를 보유하고 있으며, 광고 전 분야에 걸쳐 인적 네트워크 및 인프라 풀(pool)을 보유하고 있음
- 공동개발기관인 서강대학교의 ○○○교수는 데이터 분석과 관련된 연구를 통해 데이터마이닝 기술에 독자적인 영역의 노하우 기술을 보유하고 있으며 데이터 분석 및 학습 기술 관련 특허를 출원하는 등 지금도 활발히 연구 활동을 하고 있음
- ㈜○○○○○에서 보유하고 있는 광고시장의 인프라 및 현장 노하

우를 서강대 ○○○교수의 데이터 분석 및 학습 기술과 접목하여 데이터 분석을 통한 추천 알고리즘의 정확도를 높인다면 중소상공인들에게 반드시 필요한 광고 수단으로 활용될 것임

□ 주관기관/공동개발기관의 업무분담 계획

| 수행기관별 업무분장 |

수행기관	담당 기술개발 내용	기술개발 비중(%)
주요 성능지표	광고 플랫폼 서비스 제공 풀(pool) 구축, 데이터베이스화, 중소상공인 광고 매칭 컨설팅	50
공동개발기관	데이터마이닝 기술을 통한 알고리즘 프로그램 SW개발, 최적화된 스마트 매칭 시스템 개발	30
외주용역처리	플랫폼서비스 용량 처리 속도를 높이기 위한 서버 구축 및 UI, UX 디자인 개발, 알파 베타 테스트	20
총 계		100%

3-2. 1차년도 개발 내용

□ 주관기관 개발 내용

- 비어있는 광고 채널 공실/공란의 실시간 현황 파악 방안 구체화
- 광고 플랫폼 서비스 대상 광고 공급 채널 풀(pool) 관리 프로세스 구축
- 보유 데이터 및 누적 데이터베이스 관리 시스템 개발
- 분야별 중소상공인 광고 매칭 컨설팅 구축

□ 공동개발기관 개발 내용

- 플랫폼 사용자 정보를 분석·처리할 수 있는 소프트웨어 개발
- 데이터마이닝 기술을 활용한 광고 수요자의 니즈에 맞는 맞춤형 정보 제공 알고리즘 개발
- 알고리즘을 활용하여 사용자의 키워드 입력, 검색 등 관심 패턴을 학습하여 사용자가 놓치고 있는 유사 근접 예측 정보 제공 소프트웨어 시스템 개발
- 분야별 중소상공인과 공급자(매체사)의 최적화된 스마트 매칭 시스템 개발

4. 사업화 계획

□ 광고 수요자 대상 사업화 공략

- 광고 수요자 입력 정보만으로는 맞춤형 정보를 구체화하는 데 한계가 있으므로 플랫폼 사용자로부터 관심 콘텐츠를 검색하는 행동 패턴까지 반영하여 중소기업/소상공인을 대상으로 최적화된 광고 공급처를 제공

□ 광고 공급자 대상 사업화 공략

- 데이터마이닝 기술을 통한 빈도 분석 및 광고 수요자가 원하는 콘텐츠와 관심 패턴을 분석하여 제공함으로써 해당 니즈에 맞는 광고 게시처를 확대 공급할 수 있으며, 광고 플랫폼 서비스의 활성화를 통해 광고 게시처 공실·공란을 최소화할 수 있음

4-1. 제품화 및 양산, 판로개척

□ 제품 · 서비스 광고를 원하는 광고 수요자와 광고 게시처 공급자(매체사)가 실시간으로 연결될 수는 온라인 거래 플랫폼 웹/앱 서비스 제공 (앱마켓)

- 플랫폼 활성화를 통한 광고 거래 현황 및 규모 지표 마련
- 정보의 비대칭을 해결하여 투명한 광고 시장 거래 정착(공공성)
- 광고 채널별 비어있는 광고 시·공간 파악 및 광고 거래 활성화 유도
- 수요자가 쉽게 접근 및 활용할 수 있는 플랫폼 사용 서비스 제공
- 제품 광고뿐만 아니라 이벤트(ex. 아이돌 생일 축하 문구, 결혼 프로포즈 이벤트), 행사 기획 홍보 등 단기적으로 활용할 수 있음
- 중소상공인(광고 수요자)이 원하는 옵션(가격, 타깃, 위치 등)을 제공하며, 최적의 선택을 할 수 있도록 컨설팅
- 합리적 선택을 할 수 있도록 컨설팅까지 서비스를 제공하며, 광고 진행 의사결정과 광고 효율에 대해서는 책임소재가 없는 형식
- 비즈니스 모델 확장

  ① 광고 소재가 없을 시 광고 제작도 가능

  ② 최대한 저렴한 금액으로 제공, 다양한 광고 제작사와 매칭 연결 (B2B 모델로 제품 광고를 통한 매출액의 지분 셰어링 등)

- 다양한 광고 수요 공급의 허브 역할 수행
- 수요자 입장에서 TV, 라디오, 신문, 잡지 이외의 파악하지 못한 광고 공급처를 제안하여 사용자로부터 신뢰도 확보

□ 소상공인들에게 효과적으로 알리는 계획(마케팅 전략)

- 리타게팅 매체 활용 홍보, 웹페이지(매체사) 방문자 등 액션을 취한 고객에게만 광고를 노출하여 직접 소구 대상에게 타깃 홍보 가능
  ① 구글 GDN(Google display network) 광고 진행, 배너 광고 노출
  ② 페이스북 모바일 내의 타겟팅된 유저에게 광고 노출
  ③ 중견기업연합회, 중소기업연합회, 벤처기업협회, 각 지자체 중소기업협회, 소상공인연합회 등 협회 제휴를 통한 DB 확보, 이메일 및 DM 발송
  ④ 네이버, 다음, 네이트 등 검색 엔진에 주기적으로 카드 뉴스, 배너 광고 노출
  ⑤ 카카오톡, 카카오스토리 등 카카오 연계를 통해 타겟팅된 유저에게 광고 노출

4-2. 해외 시장 진출 계획

□ 국내 시장에 플랫폼 서비스를 적용 후, 서비스 활용 현황 및 활성화 패턴을 파악하여 해외 광고시장 진출 가능성을 타진

□ 전 세계 광고시장 규모 1위 미국, 2위 중국, 3위 일본 형성되어 있어 활발한 광고시장에 우선 진출을 하여 온라인 플랫폼 서비스를 제공한 후 추가 보완을 통해 세계 각국 진출 예정

| 미국 · 중국 · 일본 진출 계획 |

미국	중국	일본
· 미국 광고주 협회(ANA) · 미국광고협회(AAAA) – ANA, AAAA의 인프라를 통해 현지 정착 기업과 광고주들에게 플랫폼 서비스를 제공하여 진출	· 북경광고유한회사(BAC) · 에어미디어 – BAC와 에어미디어의 중국 내 인프라를 이용해 온라인 플랫폼 서비스 제공	· 일본 광고 협회 · 일본 광고주 협회 · 라인 – 광고협회, 광고주협회, 라인을 통해 서비스 제공과 매체사 인프라 협약을 체결하여 진출

4-3. 고용 현황 및 기대효과

| 고용 계획 |

구분	2017년 (개발종료 전년)	2018년 (개발종료 해당년)	2019년 (개발종료 후 1년)	2020년 (개발종료 후 2년)
신규 고용(명)	2	2	5	10
상시 고용(명)	4	6	11	21
고용 계획(명)	–	운영, 보완(2)	연구개발(1) 운영(2) 마케팅(2)	연구개발(2) 운영(3) 보완(2) 해외마케팅(3)

□ 현재 본 사업을 위하여 신규 인력을 채용하여 사전 조사를 통해 광고 게시처를 보유하고 있는 공급자(매체사) 정보를 수집하고 있음

- 본 사업이 선정되면 신규 인력을 추가 채용하고 기존 인력을 투입하여 별도의 신사업 팀을 구성할 계획
- 현재 상시 근무자는 6명이며, 사업 선정 시 신규 인력 1명 채용

□ 본사에서는 기술 인력을 위한 교육 프로그램으로 실시

- 기술 개발에 따른 직원 역량 강화 프로그램 실시
- 업데이트되는 개발에 따라 주기적 교육 프로그램 실시
- 신규 업무 적응을 위한 관련 분야 교육비 지원

부 록 3

전국 정부지정 기술거래기관 및 사업화전문회사

■ 기술거래기관(120건)

[공공] 기술보증기금 www.kibo.or.kr

전문기술분야 기술이전, M&A

등록번호 제 2001-5-01호 전화번호 051-606-7395

[공공] 농업기술실용화재단 www.fact.or.kr

전문기술분야 농식품 분야 연구개발 성과의 실용화를 위한 중개 · 알선 · 조사 및 연구, 지식재산권의 위탁 관리

등록번호 제 2010-8-01호 전화번호 063-919-1000

[공공] (재)전남생물산업진흥원 www.jbf.kr

전문기술분야 생물기업의 창업 보육 및 관련 기업의 유치와 육성사업

등록번호 제 2017-21-18호 전화번호 061-339-1301

[공공] 전북생물산업진흥원 www.jif.re.kr

전문기술분야 산학연 공동 기술 연구개발 및 시험 생산 등 실용화 사업, 식품 산업 진흥 사업

등록번호 제 2017-21-14호 전화번호 063-210-6501

[공공] 정보통신기술진흥센터 www.iitp.kr

전문기술분야 국책 사업 선정 평가 관리

등록번호 제 2016-24-02호 전화번호 042-612-8650

[공공] 특허정보진흥센터(한국특허정보원) www.kpeg.or.kr, kiwee.or.kr

전문기술분야 기업 및 개인 특허의 실용화를 위한 중개, 알선 · 조사 및 연구, 지식재산권의 위탁 관리

등록번호 제 2015-22-01호 전화번호 02-6915-6600

[공공] 한국과학기술연구원 www.tlo.or.kr

전문기술분야 연구개발, 서비스

등록번호 제 2010-8-02호 전화번호 02-958-6032

[공공] 한국광산업진흥회 www.kapid.org

전문기술분야 광산업 관련 산업의 발전 계획 및 정책 연구, 기술 거래 · 이전 및 사업화 지원 등

등록번호 제 2017-21-01호 전화번호 062-605-9615

[공공] 한국기술벤처재단 www.ktvf.or.kr

전문기술분야 중소 · 벤처기업 지원, 일본 보유 기술 또는 도입 희망 기술

등록번호 제 2011-5-01호 전화번호 02-958-6682

[공공] 한국발명진흥회 www.ipmarket.or.kr

전문기술분야 국유 특허 기술, 개인 및 중소기업 기술

등록번호 제 2002-1-01호 전화번호 02-3459-2896

[공공] 한국보건산업진흥원 www.technomart.khidi.or.kr

전문기술분야 보건산업(의약품, 의료기기, 식품, 화장품, 의료정보)

등록번호 제 2001-5-02호 전화번호 043-713-8846

[공공] 한국산업은행 www.kdb.co.kr

전문기술분야 전 산업분야

등록번호 제 2001-5-03호 전화번호 02-787-6741

[공공] 한국임업진흥원 www.kofpi.or.kr

전문기술분야 임업 분야 연구개발 성과의 실용화를 위한 중개 · 알선 · 조사 및 연구, 지식재산권의 위탁 관리

등록번호 제 2015-22-02호 전화번호 02-6393-2631

[공공] 한국환경산업기술원 www.keiti.re.kr

전문기술분야 서비스업, 연구개발 지원 서비스업

등록번호 제 2016-24-01호 전화번호 02-380-0332

[민간] 기술과가치 www.technovalue.com

전문기술분야 R&D 정책 과제, 에너지 환경, 첨단 부품 소재, IT 융복합

지역 국내 및 해외(미국, 이스라엘, 말레이시아, 일본, 중국, 프랑스)

등록번호 제 2006-4-02호 전화번호 02-3479-5004

[민간] 기술과행복 www.technhappiness.com

전문기술분야 기술 발굴 · 거래 · 지원

등록번호 제 2015-22-05호 전화번호 070-8850-5343

[민간] 넥스텔리전스(주) www.isoclick.co.kr

전문기술분야 전략 기획, 산업기술 시장조사, 기술사업화 컨설팅

등록번호 제 2016-24-19호 전화번호 02-783-3801

[민간] 더비엔아이 www.the-bni.com

전문기술분야 전기전자, 화학, 바이오, 전자재료, 에너지

등록번호 제 2009-15-10호 전화번호 02-3476-5500

[민간] 델타텍코리아 www.dtk3.com

전문기술분야 신재생에너지, 바이오, 화학 · 환경, 기계, 전기전자, 정보통신 등

지역 국내 및 해외(유럽, 북미)

등록번호 제 2005-10-09호 전화번호 02-3278-2714

[민간] 도원닷컴 www.dowon.com

전문기술분야 신재생에너지, 기계 물리, 식품, S/W, 중국 기술 및 비즈니스 매칭

지역 해외 20개국 네트워크 기술 무역

등록번호 제 2005-10-10호 전화번호 070-4639-1026

[민간] 두호특허법인 www.doohopat.co.kr

전문기술분야 변리사업, 학술연구 용역

등록번호 제 2017-21-16호 전화번호 02-3487-9537

[민간] 디 파트너스 www.techbiz.co.kr

전문기술분야 기술 발굴 · 이전, 기술사업화 컨설팅

등록번호 제 2015-22-10호 전화번호 042-610-3397

[민간] 로우파트너스 www.rowe.kr

전문기술분야 기업 투자자문 및 관련 컨설팅업, 기술 거래 중개 및 기술사업화 관련 컨설팅업 등

등록번호 제 2017-21-13호 전화번호 042-862-9581

[민간] 리온아이피엘 www.leeon.kr

전문기술분야 기계, 소재, 전기전자, 바이오

등록번호 제 2007-5-01호 전화번호 070-4609-2889

[민간] 마크프로 www.markpro.co.kr

전문기술분야 IT R&D, 기술 분석 · 발굴 · 평가 · 거래

등록번호 제 2003-1-01호 전화번호 02-6309-1605

[민간] 비에스알코리아 www.bsrkorea.com

전문기술분야 서비스, 도 · 소매, 부동산업 및 임대업 전문, 과학 및 기술 서비스업, 서비스(사업 관련)

등록번호 제 2017-21-11호 전화번호 042-476-2977

[민간] 비전인사이드 www.visioninside.co.kr

전문기술분야 기술 발굴 · 거래 · 지원

등록번호 제 2015-22-06호 전화번호 070-4337-3192

[민간] 비즈하스피탈 www.bizhospital.co.kr

전문기술분야 기술 거래, 해외 진출, 오픈 이노베이션 플랫폼 운영

등록번호 제 2010-8-07호 전화번호 02-552-9928

[민간] (사)한국기업평가원 kiv.or.kr/skin38
전문기술분야 IT, 통신, 기계, 환경
등록번호 제 2008-4-01호 전화번호 070-7730-4595

[민간] (사)한국산학연협회 plus.auri.go.kr
전문기술분야 R&D 평가 관리, 기술 서비스
등록번호 제 2017-21-10호 전화번호 042-720-3300

[민간] 아이피씨엔비 www.ipcnb.com
전문기술분야 LED, OLED, 솔라셀
등록번호 제 2009-15-11호 전화번호 070-7204-2362

[민간] 아이피온 ipon.co.kr
전문기술분야 기술 발굴 · 거래
등록번호 제 2015-22-07호 전화번호 02-2038-4275

[민간] 아이피웨이 www.ipway.co.kr
전문기술분야 특허 조사, 분석 및 감정 등
등록번호 제 2011-5-03호 전화번호 02-6220-6494

[민간] 아이피텍코리아 www.iptk.co.kr
전문기술분야 기술 발굴 · 거래, 기술사업화 컨설팅
등록번호 제 2015-22-08호 전화번호 051-505-8200

[민간] 아이피티앤드에이(주) www.iptna.co.kr
전문기술분야 기술 거래
등록번호 제 2016-24-08호 전화번호 02-566-1915

[민간] 아침기술 경영연구원 www.amoti.co.kr
전문기술분야 기술 기업 설립 및 운영
등록번호 제 2015-22-09호 전화번호 02-865-3007

[민간] 웰아이피에스 www.wellips.com
전문기술분야 IP 권리화 및 활용
등록번호 제 2013-3-02호 전화번호 02-558-4188

[민간] 위노베이션 www.wennovation.co.kr
전문기술분야 기술 발굴 · 이전, 기술사업화 마케팅
등록번호 제 2015-22-11호 전화번호 02-599-3420

[민간] 윕스 www.wipscorp.com
전문기술분야 기계, 전자, 화학 분야 해외 영업망 구축
등록번호 제 2007-5-02호 전화번호 02-726-1262

[민간] 유닉 www.unicc.kr
전문기술분야 기술사업화 컨설팅, 기술 거래 및 평가, 투자 유치
등록번호 제 2017-21-17호 전화번호 02-853-3531

[민간] 유라스텍 www.eurastech.com
전문기술분야 바이오, 에너지, 부품소재
지역 국내 및 해외(러시아)
등록번호 제 2009-15-12호 전화번호 02-454-9204

[민간] 이노코리아 컨설팅그룹(주) www.innokr.co.kr
전문기술분야 기술 거래 · 지원
등록번호 제 2015-22-12호 전화번호 053-656-5929

[민간] 이디리서치 www.edresearch.co.kr

전문기술분야 전기전자, 통신

등록번호 제 2009-15-03호 전화번호 02-2627-8814

[민간] 이엠오티 www.emot.or.kr

전문기술분야 일반 생활용품, 기계 및 해양

등록번호 제 2009-15-04호 전화번호 051-337-2701

[민간] 이지펙스 www.ezpex.com

전문기술분야 전기전자, 반도체

등록번호 제 2009-15-05호 전화번호 02-565-9930

[민간] 장한 특허법인 www.cmctmb.com

전문기술분야 변리사, 사업화에 필요한 자금 유치, 투자, 기술이전 사업화 정보 수집 · 분석, 사업화에 관한 상담 · 자문, 기술이전의 중개 · 알선, 선행기술 조사, 특허 분석

등록번호 제 2017-21-12호 전화번호 02-521-0101

[민간] 전략기술경영연구원 www.stemi.re.kr

전문기술분야 연구개발 컨설팅, 학술연구 용역, 교육

등록번호 제 2017-21-15호 전화번호 02-463-5911

[민간] (주)네오리서치 www.neorsc.com

전문기술분야 기술 거래 · 평가, 기술사업화 컨설팅 투자 유치, IP 컨설팅

등록번호 제 2016-24-10호 전화번호 02-571-1616

[민간] (주)다래전략사업화센터 www.daraelaw.co.kr

전문기술분야 학술연구 용역, 기술가치 평가, 기술 거래, 기술사업화, 기술 컨설팅

등록번호 제 2016-24-18호 전화번호 02-3475-7869

[민간] (주)대경지역대학공동기술지주 www.dgth.co.kr

전문기술분야 기술이전 및 사업화 촉진, 기술 및 경영 자문, 교육 및 훈련

등록번호 제 2016-24-24호 전화번호 070-5030-2466

[민간] (주)브릿지오브날리지 www.bok2015.com

전문기술분야 기술이전 · 사업화, 기술 제품 창업 사업화 기획, 시험인증 컨설팅, 기술 · 금융 컨설팅, 교육 컨설팅

등록번호 제 2017-21-08호 전화번호 02-508-7955

[민간] (주)솔투로 www.soltoro.co.kr

전문기술분야 기술 발굴 · 거래

등록번호 제 2015-22-14호 전화번호 02-518-4433

[민간] (주)솔투미래연 www.sol2mireyun.com

전문기술분야 IP 사업화 컨설팅

등록번호 제 2017-21-19호 전화번호 02-558-9025

[민간] (주)아이티엘 www.itlist.co.kr

전문기술분야 기술 발굴 · 거래

등록번호 제 2015-22-15호 전화번호 02-3463-9768

[민간] (주)아이피투비 www.iptob.com
전문기술분야 기술 거래 및 사업화, 기업 경영 컨설팅, 학술연구 용역
등록번호 제 2016-24-05호 전화번호 053-215-1928

[민간] (주)에스와이피 www.sypip.com
전문기술분야 기술 거래, 특허 맵, 특허 출원
등록번호 제 2016-24-15호 전화번호 02-563-9607

[민간] (주)엘림티씨(구(주)르호봇) www.rehoboth2020.com
전문기술분야 기술 거래, 기술사업화 마케팅
등록번호 제 2015-22-13호 전화번호 051-329-5431

[민간] (주)이노싱크컨설팅 www.innothink.kr
전문기술분야 사업화 컨설팅, 정책 기획, 연구 조사 및 분석
등록번호 제 2016-24-21호 전화번호 070-4472-0022

[민간] (주)제타플랜에프앤인베스트 www.zetaplan.com
전문기술분야 기술 거래, 벤처 투자, 기술 자문, IPO, M&A, 기술 거래, 녹색 금융
등록번호 제 2016-24-14호 전화번호 02-538-4801

[민간] (주)지상 ipwizard@hanmail.net
전문기술분야 기술이전, 기술 시장 조사, 연구개발 서비스업
등록번호 제 2016-24-13호 전화번호 02-978-4739

[민간] (주)케이기술경영원 www.kmot.co.kr
전문기술분야 기술사업화, 기술 거래, 기술 · 경영 컨설팅, M&A
등록번호 제 2017-21-02호 전화번호 053-791-5630

[민간] (주)테크비아이 www.techbi.kr

전문기술분야 IP · 기술 거래, 사업화 컨설팅, 특허컨설팅, 가치평가, 투자 · 보육

등록번호 제 2016-24-17호 전화번호 02-3473-6948

[민간] (주)한국피씨피 kpcp.cafe24.com

전문기술분야 기술 거래, 기술이전 컨설팅, 기술 거래 인프라 구축

등록번호 제 2016-24-20호 전화번호 02-2038-2235

[민간] 지케이티엠컨설팅 www.gktm.co.kr

전문기술분야 전기전자, 기능성 식품, 건설 신기술

등록번호 제 2007-5-03호 전화번호 02-793-9973

[민간] 지티티비 www.gttb.org

전문기술분야 IT, 바이오, 광산업, 에너지, 소재, 기술 거래, 경영 · 자금, 해외 마케팅

등록번호 제 2010-8-08호 전화번호 062-526-6005

[민간] 케이엘피아이 컨설팅 www.klpip-consulting.com

전문기술분야 기술 평가 · 거래

등록번호 제 2015-22-16호 전화번호 02-3452-5201

[민간] 크라우드홀딩스 www.crowdholdings.com

전문기술분야 기업 · 기술가치 평가를 통한 기술사업화

등록번호 제 2017-21-20호 전화번호 02-555-9073

[민간] 테크노베이션파트너스 www.tenopa.co.kr
전문기술분야 기술 거래, 과학 기술 경영 컨설팅
등록번호 제 2010-8-05호 전화번호 02-6917-5537

[민간] 테크란 www.techran.com
전문기술분야 기술 기업 육성 및 사업화 전문
등록번호 제 2006-4-04호 전화번호 02-6911-9932

[민간] 테크블랙홀 www.techblackhole.com
전문기술분야 대학교 · 연구소 우수 기술 영상 제작 및 홍보, 기술이전
등록번호 제 2016-24-23호 전화번호 02-541-2015

[민간] 특허법인 PCR www.ippcr.com
전문기술분야 기술 거래 중개, 기술사업화, 지식재산권출원/등록, IP 조사/분석
등록번호 제 2017-21-21호 전화번호 02-6238-4829

[민간] 특허법인 남앤드남 www.NAMinc.co.kr
전문기술분야 변리사무업, 지식 재산 관련 중개 · 상담 · 보호 · 관리 및 라이선싱, 지식재산 관련 자문 · 정보 제공 및 감정업
등록번호 제 2017-21-07호 전화번호 02-753-5477

[민간] 특허법인 남촌 www.namchon-tech.net
전문기술분야 기술 발굴 · 거래
등록번호 제 2015-22-17호 전화번호 055-298-1995

[민간] 특허법인 누리 www.patnury.kr

전문기술분야 변리사업, 학술연구용역업, 기술시장 조사 전문업, 연구개발 컨설팅 전문업, 교육업

등록번호 제 2016-24-06호 전화번호 070-8240-2478

[민간] 특허법인 다나 danapat.com

전문기술분야 전자, 기계, 화학, 바이오

지역 국내 및 해외(미주, 독일)

등록번호 제 2009-15-06호 전화번호 02-539-8337

[민간] 특허법인 다울 www.ipdawool.com

전문기술분야 화학, 소재, 바이오, 신재생에너지

등록번호 제 2010-8-06호 전화번호 02-568-6123

[민간] 특허법인 다해 www.ipdh.co.kr

전문기술분야 변리사 직무에 속하는 업무 일체

등록번호 제 2017-21-09호 전화번호 02-3487-5960

[민간] 특허법인 무한 www.muhann.com

전문기술분야 전자(BM포함), 전기, 기계, 항공, 조선, 화학(바이오 포함)

등록번호 제 2009-15-08호 전화번호 02-511-4210

[민간] 특허법인 부경 www.pnkpat.com

전문기술분야 변리사, 학술연구 용역 및 연구개발업, 저작권 대리 중개업, 사업 및 무형 재산권 중개업

등록번호 제 2017-21-03호 전화번호 051-503-6633

[민간] 특허법인 세신 www.seshinpat.co.kr

전문기술분야 화학, 소재

등록번호 제 2008-4-03호 전화번호 02-2025-8133

[민간] 특허법인 세아 www.acepat.com

전문기술분야 IP 활용 및 실용

등록번호 제 2013-3-03호 전화번호 02-508-4070

[민간] 특허법인 웰엘엔케이 wellnk.com

전문기술분야 기계, 전기전자, 화학

지역 수도권 및 대구 경북

등록번호 제 2007-5-04호 전화번호 02-6379-7024

[민간] 특허법인 이노 www.innolaw.co.kr

전문기술분야 기술 거래

등록번호 제 2015-22-18호 전화번호 02-559-0678

[민간] 특허법인 이룸 www.eruum.com

전문기술분야 바이오 · 의약, 자동차, 원자력, 반도체

지역 국내 및 해외(북미)

등록번호 제 2009-15-13호 전화번호 02-554-6222

[민간] 특허법인 이지 www.ezpat.com

전문기술분야 변리업, 기술 평가 및 이전업

등록번호 제 2017-21-06호 전화번호 02-565-6727

[민간] 특허법인 정안 jrpat.com

전문기술분야 전기전자, 자동차, 반도체, 재료, 신에너지, 농수산 식품, 의료, 환경

지역 국내 및 해외(독일, 미국)

등록번호 제 2012-3-03호 전화번호 02-735-0900

[민간] 특허법인 지명 www.jmpatent.co.kr

전문기술분야 특허, 무형 재산권 중개업, 특허 관리 대행 전문업

등록번호 제 2016-24-12호 전화번호 02-585-2160

[민간] 특허법인 지원 www.g1pat.com

전문기술분야 전문, 과학 및 기술 서비스업

등록번호 제 2017-21-04호 전화번호 02-6268-4865

[민간] 특허법인 천지 www.ipcj.kr

전문기술분야 기술 발굴 · 거래

등록번호 제 2015-22-19호 전화번호 02-6392-2004

[민간] 특허법인 충무 www.cmpatent.com

전문기술분야 변리사업

등록번호 제 2016-24-22호 전화번호 070-4287-9397

[민간] 특허법인 태백 www.tbpat.com

전문기술분야 변리업무, 기타 서비스(특허정보 분석, 기술 거래 · 이전 등)

등록번호 제 2016-24-07호 전화번호 070-8260-5494

[민간] 특허법인 티앤아이 www.tnipatent.com

전문기술분야 변리사업

등록번호 제 2016-24-09호 전화번호 02-554-3313

[민간] 특허법인 프랜즈드림 www.friendspat.co.kr

전문기술분야 기술 거래, 기술사업화 컨설팅, 기술 교류 네트워킹

등록번호 제 2015-22-20호 전화번호 02-563-4593

[민간] 특허법인 플러스 www.pluspatent.com

전문기술분야 기술 거래 · 이전 컨설팅, 기술 거래 인프라 구축

등록번호 제 2015-22-21호 전화번호 042-482-0004

[민간] 특허법인 해담 www.haedamip.com

전문기술분야 선행기술 조사, 특허 출원, 특허 조사 분석, 중소기업 R&D 기획 지원, IP 사업화 컨설팅, 기술가치 평가

등록번호 제 2016-24-11호 전화번호 02-554-8090

[민간] 특허법인 화우 www.ip-plaza.net

전문기술분야 기술 거래 · 이전 컨설팅

등록번호 제 2015-22-22호 전화번호 02-3465-7740

[민간] 피앤아이비 pnibiz.com

전문기술분야 전기전자, 정보통신, 기계

등록번호 제 2001-5-04호 전화번호 02-593-3377

[민간] 피에스엠비 www.psmb.net

전문기술분야 식품, 소재, 에너지, IT

지역 국내 및 해외(중국)

등록번호 제 2007-5-05호 전화번호 02-594-3381

[민간] 한국해양과학기술진흥원 ofris.kimst.re.kr

전문기술분야 해양과학 기술개발 계획 및 연구개발 사업 등과 관련된 정책 수립 및 지원

등록번호 제 2017-21-05호 전화번호 02-3460-4001

[민간] 한맥국제특허법률사무소 www.ihanmac.com

전문기술분야 특허 정보 분석, 기술 거래, 특허 출원

등록번호 제 2016-24-16호 전화번호 02-556-8772

[산학] 영남대학교 산학협력단 www.sansmbd.yu.ac.kr

전문기술분야 지식재산권의 취득 및 관리, 기술이전 및 사업화 촉진 업무

등록번호 제 2016-24-03호 전화번호 053-810-1428

[산학] 충북대학교 산학협력단 family.cbnu.ac.kr

전문기술분야 기술발굴, 기술 거래, 기술사업화

등록번호 제 2015-22-03호 전화번호 043-261-2358

*TP는 테크노파크를 의미함

[TP] (재)강원테크노파크 www.gwtp.or.kr

전문기술분야 서비스(사업 관련) 업종, 연구 및 개발업, 부동산업 및 임대업

등록번호 제 2016-24-04호 전화번호 033-248-5638

[TP] (재)경기대진테크노파크 www.gdtp.or.kr
전문기술분야 기계, 환경, 바이오, 소재
등록번호 제 2009-15-09호 전화번호 031-539-5000

[TP] (재)경기테크노파크 www.gtp.or.kr
전문기술분야 금속, IT, 바이오
등록번호 제 2005-10-01호 전화번호 031-500-3035

[TP] (재)경남테크노파크 www.gntp.or.kr
전문기술분야 기계, 바이오, 로봇, 지능형 홈
등록번호 제 2006-4-01호 전화번호 055-259-5011

[TP] (재)경북테크노파크 www.gbtp.or.kr
전문기술분야 로봇, 바이오, 섬유, 의료기기, 전자, IT, 자동차 부품
등록번호 제 2005-10-02호 전화번호 053-819-3036

[TP] (재)광주테크노파크 www.gjtp.or.kr
전문기술분야 광, 전자, 정보가전, 자동차 부품
등록번호 제 2005-10-03호 전화번호 062-602-7224

[TP] (재)대구테크노파크 www.tech.ttp.org
전문기술분야 IT, 바이오, 신재생에너지, 로봇, 의료기기
지역 국내 및 해외(프랑스, 뉴질랜드)
등록번호 제 2005-10-04호 전화번호 053-757-4163

[TP] (재)대전테크노파크 www.daejeontp.or.kr

전문기술분야 전 산업분야

지역 국내 및 해외(중국, 일본)

등록번호 제 2005-10-05호 전화번호 042-930-8413

[TP] (재)부산테크노파크 www.btp.or.kr

전문기술분야 기계 부품 · 소재(자동차, 조선 기자재), 초정밀 융합 부품

등록번호 제 2001-5-05호 전화번호 051-974-9074

[TP] (재)서울테크노파크 www.sttc.seoultp.or.kr

전문기술분야 기술 발굴 · 거래 · 지원

등록번호 제 2015-22-04호 전화번호 02-944-6017

[TP] (재)울산테크노파크 www.utp.or.kr

전문기술분야 연구개발 및 기술이전 · 사업화 지원

등록번호 제 2010-8-03호 전화번호 052-219-8653

[TP] (재)인천테크노파크 www.itp.or.kr

전문기술분야 IT, 나노, 바이오, 자동차 부품, 메카트로닉스

등록번호 제 2005-10-06호 전화번호 032-260-0847

[TP] (재)전남테크노파크 www.jntp.or.kr

전문기술분야 조선, 신소재, 바이오(지역전략산업), 광, 자동차, IT(지역연고사업), 풍력, 태양광, 바이오, 지열 등 신재생에너지(지역신성장동력산업)

등록번호 제 2009-15-15호 전화번호 061-729-2819

[TP] (재)전북테크노파크 www.jbtp.or.kr

전문기술분야 바이오, 전자, IT, 기계 등

등록번호 제 2011-5-02호 전화번호 063-219-2135

[TP] (재)제주테크노파크 www.jejutp.or.kr

전문기술분야 바이오, 화학(화장품), 식품, 소재

등록번호 제 2012-3-01호 전화번호 064-720-3073

[TP] (재)충남테크노파크 www.ctp.or.kr

전문기술분야 디스플레이 반도체, 전기전자(New IT), 축산 바이오(사업화 연계, 기술 투자)

등록번호 제 2005-10-07호 전화번호 041-589-0643

[TP] (재)충북테크노파크 www.cbtp.or.kr

전문기술분야 반도체, 바이오, 차세대 전지, 전기전자, 융합 부품 산업

등록번호 제 2011-5-05호 전화번호 043-270-2234

[TP] (재)포항테크노파크 www.pohangtp.org

전문기술분야 부품 · 소재, 바이오, 수소 연료 전지

등록번호 제 2005-10-08호 전화번호 054-223-2267

■ 사업화전문회사(29건)

[민간] 이노코리아컨설팅그룹(주) www.innokr.co.kr

전문기술분야 사업화 지원 서비스

등록번호 제 2015-02호 전화번호 053-963-9999

[민간] 제타플랜에프앤인베스트 www.zetaplan.com

전문기술분야 기술사업화 · 정보수집, 기술 발굴, 상담 · 자문, 투자 유치, 경영 컨설팅 · IPO, M&A, 녹색 금융

등록번호 제 2017-07호 전화번호 02-561-6698

[민간] 테크비아이 주식회사 www.techbi.kr

전문기술분야 IP · 기술 거래, 사업화 컨설팅, 특허 컨설팅, 가치 평가, 투자 · 보육

등록번호 제 2016-08호 전화번호 02-3473-6948

[민간] 특허법인 부경 www.pnkpat.com

전문기술분야 변리사, 학술연구 용역 및 연구개발업, 저작권 대리 중개업, 사업 및 무형 재산권 중개업

등록번호 제 2017-01호 전화번호 051-503-6633

[민간] 특허법인 이노 www.innolaw.co.kr

전문기술분야 변리업, 기술사업화, 학술연구 용역

등록번호 제 2017-04호 전화번호 02-599-0678

[민간] 특허법인 티앤아이 www.tnipatent.com

전문기술분야 변리사업

등록번호 제 2016-03호 전화번호 02-554-3313

[민간] 특허법인 프랜즈드림 www.friendspat.co.kr

전문기술분야 사업화 전략 수립 컨설팅 경험을 토대로 우수 기술 발굴 · 보육

등록번호 제 2015-05호 전화번호 02-563-4593

[민간] 특허법인 해담 www.haedamip.com

전문기술분야 선행 기술 조사, 특허 출원 · 조사 분석, 중소기업 R&D 기획 지원

등록번호 제 2016-07호 전화번호 02-554-8090

출처: 한국산업기술진흥원, NTB기술은행 홈페이지(www.ntb.kr)